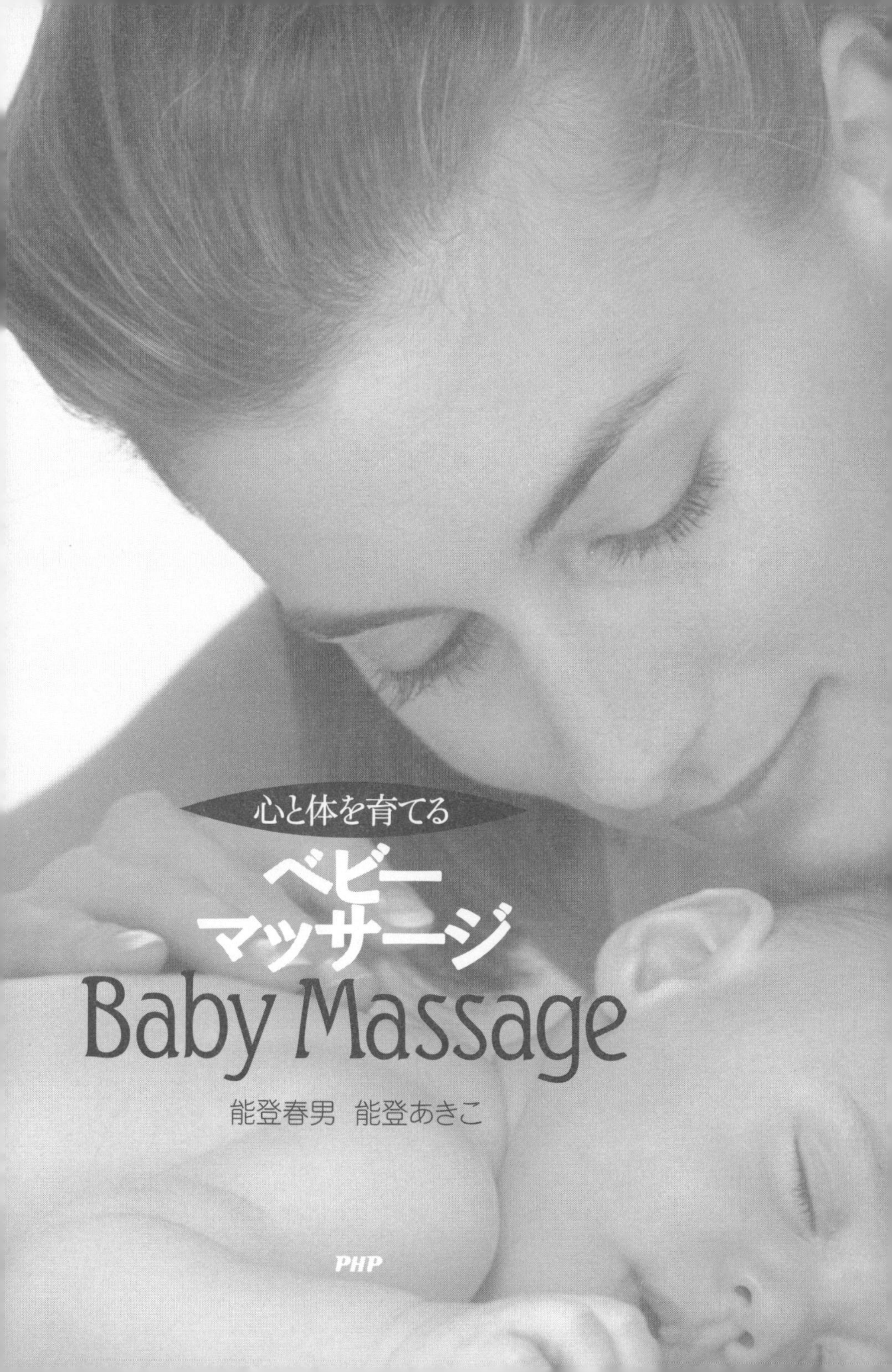

心と体を育てる

ベビーマッサージ

Baby Massage

能登春男　能登あきこ

PHP

はじめに

いじめ、自殺、幼児虐待、家庭内暴力、小児心身症、凶悪犯罪、理由のない殺人、学級崩壊など……。近年、全国で起きている子どもをめぐる問題は、健全な心が育っていないことに由来しています。そして、心が育ちきらなかった子どもがそのまま大人になった社会では、モラルの崩壊や犯罪率の増加など、さまざまな問題が生じてきます。

こうした社会問題を前にして、今もっとも必要とされているのは、赤ちゃんのときから心を育てていくことでしょう。私たちは長年サイコセラピー（心理療法）を行ってきましたが、大人や青少年が抱える悩みや問題の原因は、その根を探っていくと必ず胎児期や新生児期、乳幼児期に行きつきます。健全な心を養うすべての基礎は、赤ちゃんのときにあるのです。つまり、赤ちゃんのときから心のケアをすることで、成長してからの行動異常や、精神的葛藤、社会不適応を未然に防ぐことができるのです。

ところで、健全な心を育てるには、具体的にどうすればよいのでしょうか。

「親鳥が卵を抱く」と聞いて、あなたはどんなイメージが浮かぶでしょうか。この言葉から感じとれるのは、「やさしく包む」「温める」「保護する」「慈しむ」「愛する」というニュアンスでしょう。では、「人工孵化《ふか》器に卵を入れる」では、どうでしょうか。どちらでもヒナ鳥はかえりますが、「親鳥が卵を抱く」のと「人工孵化器に卵を入れる」のでは、明らかに内容が違うのがおわかりでしょう。人工孵化器は、親鳥が卵を抱くという行為から温度を上げることだけを抽出した装置で、機械的に温度を上げることはできても、愛や慈しみを与えることはできないのです。

赤ちゃん時代の親子関係は、鳥が卵を温めてかえす関係に似たものがあるでしょう。肌のふれあい（スキンシップ）による、愛や慈しみが子どもを育てます。そして、この時期の親子の関係性が、その後のすべての人間関係のもととなっていくのです。

最初にふれた心をめぐる昨今の問題ですが、どれをとってもやさしさや温かさとは無縁のできごとです。子どもたちの問題行動や凶悪犯罪の増加は、温めることが単に温度を上げることとされ、それにともなう慈しみややさしさ、愛情が見失われ続けてきたことと無縁ではないようです。事件から感じられる無機質な冷たさ、残忍さは、愛と慈しみが育ちきらなかった、いびつな心ゆえのことです。

はじめに

最近の心理学は、人間は胎児のとき、生まれてくるとき、生まれた瞬間、そして新生児のときから周囲のできごとを認識しており、なおかつ意識の奥深くにそれらを記憶していることを解明しています。日常では忘れているようでも、記憶の底に眠る人生最初の体験は、セラピーによって鮮明によみがえります。

私たちはセラピーを通じて、数多くの人の胎児期や誕生期、そして新生児期の記憶や再体験を共有してきましたが、誰もがもっとも強烈に思い出すのが、その時どきに感じていた喜びや悲しみの感情です。どんなに幼い赤ちゃんでも、その心にはさまざまな感情が渦巻いています。お母さんのお腹にいるときや生まれてくる瞬間ですら、私たちと同じ心をもち、それを大切に育てていこうとしているのです。

育とうとする心を愛で満たし、すくすくとまっすぐにのばしてあげる。それがベビーマッサージの目的です。生まれてすぐの子どもは、お母さん、お父さんとのふれあいなくしては、温かい人間関係を知ることはできません。すべての力をふりしぼって誕生してきた赤ちゃんにとって、一番のごほうびは、お母さんの肌のぬくもりです。

ふれあいが愛のひな型となり、それが身体と心を育てる土台をつくり、子どもの世界観とその後の人生を方向づけます。

植物が太陽の光で成長するように、子どもの心は愛を栄養にしてすくすく育ちます。そして、ベビーマッサージは、愛を栄養化する何よりの方法なのです。実際やってみてわかるのは、ベビーマッサージがもたらす「ふれ愛」効果の奇跡の数々です。

身体もそうですが、心もある日突然できるものではなく、毎日少しずつ育っていくもの、育てていくもの。本書が、生まれたばかりの新しい生命が健やかに育つための一助となれば幸いです。

能登春男

二〇〇一年四月

心と体を育てる

ベビーマッサージ●目次

お父さんも、ベビーマッサージ　70
大切な環境づくり　71
マッサージオイルについて　73
ベビーマッサージのための注意　76
大切な赤ちゃんへの語りかけ　76
マッサージのこころえ　77

第５章

ベビーマッサージをやってみよう

装　　幀　　宮坂佳枝
装幀写真　ＰＰＳ通信社
本文イラスト　荒井佐和子

第1章

ベビーマッサージ事始め

アフリカで出会った知的な子どもたち

一九五〇年代のことです。アフリカを訪れたマルセル・ガーバー博士は、ウガンダで驚くべき体験をしました。当時の西欧社会では、アフリカは遅れた未開社会と思われていました。ところが、アフリカの子どもの栄養状態と知能指数の調査に行った彼女は、そこで思いがけず洗練された賢い子どもたちに出会ったのでした。

「この国の子どもたちは、世界一知能が発達している！」

彼女がウガンダで出会った子どもは、例外なく聞きわけがよくて賢いのです。夜泣きでお母さんを疲れさせることはなく、気分が安定しているのでぐずったりすることもありません。ほとんど病気をすることなく、病気になってもすばらしい回復力をみせます。未開なはずのアフリカで目にした奇跡の光景に、ガーバーは何が子どもたちに奇跡をもたらしたのかを探りました。

天才育児法の秘密

ウガンダは、アフリカ諸国のなかでもとりわけきれいな国です。人々の精神文化は高く、勤勉で誠実な国民性で知られています。ガーバーが目撃した賢い子どもたちは心豊かな大人へと成長し、花と緑にあふれる美しい街をつくっているのです。

奇跡の秘密は、ウガンダの育児法にありました。なかでも、ベビーマッサージは注目すべきものでした。この国の赤ちゃんは、誕生直後から4歳までの間、お母さんからベビーマッサージを受けます。当時の西欧社会では、病院で出産したあと母親から赤ちゃんを引き離して休ませましたが、ウガンダでは一瞬たりとも親子が離れることはありません。お母さんはいつも子どもと一緒で、どこへ出かけるときも抱っこして連れ歩きます。毎日赤ちゃんに歌いかけながら、マッサージをしてかわいがるのです。

こうしたふれあいが以心伝心をもたらし、ウガンダの母親は自分の赤ちゃんの欲求を、赤ちゃんが泣き出す前に察します。おしっこやウンチの前にそれと察して処理してしまうので、おむつや衣服を濡らすことすらないほどです。親子のコミュニケーションがよいお

表1●乳児の発達比較　アメリカとウガンダ

	アメリカ	ウガンダ
首がすわる	3カ月	4～6週
腰がすわる	7～8カ月	4カ月
立って歩く	12～14カ月	8カ月
走り始める	24カ月	12～14カ月

調査：U.S. Health Dep.（米国保健省），1979

神経系の発達は、いろいろな運動動作の習得として表れます。運動するには中枢神経系と運動感覚神経系が十分に発達していなければなりませんし、動きを滑らかに持続して行うには、筋肉の十分な発達と呼吸循環器系の発達が必要です。この調査は、アメリカの赤ちゃんに比べて、ウガンダの赤ちゃんは脳神経系の発達が早いことを示しています。

かげで、赤ちゃんは常に満ちたりて、すくすく成長します。親子の絆は固く、お母さんとの一体感で情緒が安定し、しっかりとした心が育まれます。

人生最初の４年間をこうして育ったウガンダの子どもたちは、身体の成長がずばぬけて早く、そのうえ精神的な成長もよく、きわめて高い知能をもつようになったのです。ガーバーは、こうした調査の結果と育児法を西洋社会に発表しました。しかし当時の人々はアフリカは遅れた社会という思い込みが強く、欧米の子どもよりもウガンダの子どもの知能が高いという現実を、なかなか信じようとしませんでした（表１）。

抱かない育児法の悲劇

古来、世界中で赤ちゃんは抱っこされたり頬ずりされたり、やさしく愛撫されながら育ってきました。ところが科学が発達し19世紀末に産業革命が起きた頃から、欧米ではそうした育児の伝統が失われるようになりました。

産業革命は多くの働き手を必要とし、女性も労働力として求められました。そして、それまでの農業や牧畜を主体としたゆったりとした生活を、時間に追われる忙しい生活に変えたのです。人々は工場の生産ラインのスケジュールにあわせて生活し、育児にも合理化がおとずれ、なるべく手をかけず最小限にとどめられるようになりました。

大学教授で小児科医のシニア博士は育児法の権威として、赤ちゃんが泣いても抱き上げないこと、決められた時間にミルクを与える以外は、赤ちゃんになるべくふれないようにすることを提唱しました。また、それまでのゆりかごに代わりベビーベッドを推奨し、母乳は栄養の一種に過ぎないのだから、赤ちゃんには人工栄養を与えれば十分と説きました。

こうして19世紀終わり頃の医師や看護婦は、子どもをかわいがるのは危険と考えるようになっていったのです。

切り捨てられた子どもの心

20世紀に入り、心理学者のワトソン博士も、子どもにふれない育児法を推奨しました。博士が一九二八年に出した本には、「子どもに抱っこやキスをしないこと。あなたの膝の上に座らせないこと。もしどうしてもキスする必要があるなら、おやすみ前に一度だけキスをしてもよいでしょう。でも朝になっておはようと言うときは、握手にしなさい」と書かれています。

ワトソン博士は、子どもの研究をするうえで、手がかりになるのは行動のみであると考えました。博士は客観的に観察できるものだけが科学的であるとして、観察できないもの、たとえば子どもの望み、欲求、感情などは存在しないものとして切り捨てました。そして子どもを機械的な物体のようにあつかい、両親は子どもに対して愛や慈しみなどをもって情緒的に接するべきではないと主張しました。

当時の母親たちにとって、愛する赤ちゃんにふれないようにするのは大変な苦痛でした。というのは、子どもを抱いてあやし、キスしたり愛撫するのは、人間の本能に組み込まれた自然な行為だったからです。子どもが生まれれば誰に教わることなく、自然にそうしていたのです。しかし、子どもを抱いたりあやしたりするのは「悪い」と、権威ある医師や科学者に言われれば、かわいいわが子に悪いことはしたくありません。つらくても、赤ちゃんが泣いてお乳を求めても、決められた時間になるまで子ども部屋のドアを閉めたまま放置していました。

ところが、ふれない育児法で育った子どもたちは、不安や怖れが強く、人を信頼できず、家族や他の人と良好な人間関係を結べなくなっていたのです。感受性に乏しく周囲のことに関心をもてず、成長してからもさまざまな問題につきまとわれるようになりました。自分が親になっても、子どもにどう接していいのかわからなくなっていました。

スキンシップ重視の育児法へ

先に紹介したガーバーがウガンダを訪れた時代の欧米では、こうした抱かないふれない育児法が全盛でした。しかし、当時は科学的と思われていた育児法で育った子どもたちが成長した社会では、子どもの自殺、学習障害、行動異常、青少年の犯罪の凶悪化、モラルの乱れなど、以前にはなかったさまざまな問題が生じてきたのです。

そうしたなか、アメリカのスポック博士はそれまでとは違う育児法を提唱しました。赤ちゃんにもっと接しなさい。やさしく抱きしめてふれてあげること。外出のときは乳母車やベビーカーに乗せるのでなく、赤ちゃんを直接抱っこしてあげましょうというものです。今では厳しすぎるとされるスポック博士の育児法ですが、当時の人々には愛に満ちた革命的な育児法のように感じられました。

従来の育児法への反省は、他の国々でも始まっていました。フランスでは、精神科医で産科医のルボワイエ博士が、インドの出産法や育児法を調査して、子どもを健やかに育てる重要な鍵として、ベビーマッサージをとりあげました。一九七〇年代にインドのベビーマッサージを欧米に紹介し、一躍注目を集めました。

また、哲学者のモンタギューも、ふれない育児法を批判して、「根拠のない考え方で、数百万人の子どもの心を傷つけ、その多くが欠陥のある人間へと育った」とのべました。多くの症例を集めて、赤ちゃんはできる限りお母さんとふれあうべきであり、愛し過ぎてダメにするという考えは間違いであると発表したのです。

ガーバーの体験とその調査も、七〇年代後半になって再びとりあげられ、天才児を育てる奇跡の育児法として話題を呼びました。

こうした流れは、母乳の見直しや自然出産、自然育児にもつながっていきました。育児の方針も、「赤ちゃんにかまわないこと」から「できるだけ赤ちゃんにふれなさい」という、スキンシップを重視したものに変わったのです。

伝統社会のベビーマッサージ

ナイジェリアの子どもは、誕生から1歳までの間、お母さんからマッサージを受けます。お母さんも生まれたばかりの赤ちゃんを連れて実家に戻り、出産の疲れを癒すため母親からマッサージしてもらいます。

バリやフィジーの南太平洋の島々では、ココナッツオイルで赤ちゃんをマッサージします。インドの母親たちも、太陽の光を浴びながらオイルを使って子どもにマッサージします。今なおカースト制の残るインドですが、ベビーマッサージは王侯貴族から貧民までのすべての階級で行われています。これらアジアの国々には、マッサージの専門家さえいるほどです。また、ニュージーランドのマオリ族は、マッサージが子どもの発育にもっとも重要なことと考え、4～5歳になるまで続けます。

母から娘に伝える伝統的育児法が今も生きるアフリカや東南アジア、一部のアメリカ・インディアン、南米インディオの社会では、子どもにふれ、マッサージするのはそのまま日常です。

日本でも行われていたベビーマッサージ

日本でも、江戸時代まではベビーマッサージが日常的に行われていました。家庭でやるのと同時に、中国やインド、バリと同じくベビーマッサージを行う専門家もいたのです。マッサージをすることで元気な赤ちゃんになり、また病気を予防し、万一病気になってもマッサージによって治療するなどして、たいへんよい効果をもたらしていたとのことです。

日本古来のベビーマッサージは「小児按摩《あんま》」と呼ばれましたが、明治になって西洋医学が取り入れられてから衰退します。しかし日常の生活では、子どもを抱いたり、あやしたり、欲しいときに欲しいだけ母乳を与えるといった伝統的な育児習慣は残りました。

そして次の大きな変化は、第二次世界大戦の後に訪れます。戦後は、当時アメリカで隆盛だったふれない育児法が取り入れられ、全国に広がりました。その頃のお母さんたちは、「抱きぐせがつくから」と子どもを抱かないように心がけました。こうして、日本でも赤ちゃんや子どもにふれない育児が主流となり、親子間のスキンシップ（ふれあい）が失われていったのです。

ベビーマッサージの再発見

母から娘に伝えられてきた伝統的な育児がとぎれて以来、親と子の心の結びつきがもろくなってきています。子どもが事件を起こしたとき、たいていの親は子どもが何をしていたのか気がつかなかった、知らなかったと言います。同じ屋根の下に暮らし食事をともにしているからには、子どもの行動やそぶり、表情の変化から何かを嗅ぎとっていいはずなのですが、そうした変化を読み取れない家庭だからこそ、事件が起きるところまで行き着いてしまうのでしょう。

心の結びつきとは、対話や話し合いといった理性的なものではなく、もっと本能的なところから生まれてくるものです。最近の科学の進歩は、肌のふれあいが親子の心を結びつけるということをつきとめました。子どもが肉体的、情緒的、知的に健やかに成長するための基本的条件づくりに、皮膚刺激が重要な役目を果たすというのです。

こうして現代科学は、ベビーマッサージの効果を再発見したのです。そして、その手法についても、古来の文化や育児法が残るアフリカやインド、日本や中国、南太平洋の諸国の方法を参考にしつつ、科学的な研究をもとに新しい技法が編み出されています。最先端の科学はぐるりとひとまわりして、もともとのやり方に戻ろうとしています。今に生きる私たちは、一度とぎれた知恵を見直し、心の育て方や愛の育て方について、改めて学ぶ必要に迫られているようです。

ふれることは、愛すること

ベビーマッサージは、ふれあうことを一番の目的とし、お母さんにも赤ちゃんにも、どちらにもすばらしい効果をもたらします。

赤ちゃんはやさしくふれてもらうことで、生きる力を得、誕生の疲れを癒し、愛されていることを確認しやすらぎます。愛は言葉で学ぶものでなく、ふれて愛されることでそれを学ぶのです。

お母さんもふれあいを通じて癒され、心がやすまり、子どもへの愛情と自信を深めていきます。なにより日々の赤ちゃんの健康状態やご機嫌など、発達の状態がよくわかり、余裕をもって赤ちゃんとつきあえるようになります。

マッサージによるスキンシップは、循環器、消化器、排泄器ばかりでなく、神経系や免疫系の成長をうながします。生まれた直後、赤ちゃんの神経は驚くべき勢いで発達しており、脳もぐんぐん大きくなっています。この時期に与える皮膚への刺激は、直接脳に働きかけているようなものなのです。

ベビーマッサージは、赤ちゃんの心と身体の発育をうながし、健康で情緒豊かな、頭のよい子どもに成長する基礎を築きます。

第2章

出生期心理学とバーストラウマ

マリアの相談

一九八四年、私（能登春男）がボディワーク・セラピストとしてロサンゼルスで開業していた頃、マリアという名のクライアントから彼女の子どもの病気について相談を受けました。

ボディワークというのは、身体からアプローチして心理的な成長や心身の癒しを行う、人間性心理学をベースとしたセラピーの手法です。マッサージや呼吸療法、運動療法など身体を使ったさまざまな技法を取り入れ、青少年や成人を対象としています。

クライアントのなかに妊娠中の女性たちはいたものの、赤ちゃんは初めてでした。しかし、この日のマリアはとても思いつめた様子で、断わるわけにいかず話を聞くことにしました。

彼女には子どもが2人います。上の5歳の男の子は元気なのですが、2歳になる下の女の子は足が動かないというのです。

「病院には行きましたか」

「それはもうあちらこちらに行きました。でも、どこが悪いか、なぜ歩けないか、どの病院でもわからないんです」

女の子はステファニーといいます。すくすく育っているものの、なぜか腰から下が動かず、2歳になっても歩けません。ハイハイは、腕だけで身体をひきずって動きます。腰と足には力が入らず、座れません。

「お医者さんは、原因がわからないので今度手術で開いて見てみましょうって言うんです」

脳の精密検査では異常がなく、足も腰も悪いところが見つかりません。

「手術すれば歩けるようになるんですかって聞いたら、原因がわからないから試しに切るんだという返事です。そんな手術は受けさせたくないし……。なんとかなりませんか、先生」

原因がわかってその治療のために手術するならともかく、むやみに幼い小さな身体にメスを入れるなど、とんでもない話でした。

マッサージで足が動いた

このとき、マリアの話に触発されて思い出したことがありました。

私の姉は、幼児期に歩けなくなっていたのです。原因はポリオ（小児マヒ）でした。下半身不随で一生を過ごすしかないと医者に見放された姉を連れ、父は近くに住む柔術の先生を訪れました。先生は高齢だったそうですが、父の頼みを快くひきうけて、小児按摩《あんま》（子ども向けのマッサージのこと）を姉に施してくれたのです。父もやり方を学び、家庭でやるようになったとのことです。

毎日マッサージを続け、1年で立ってゆっくり歩けるようになり、2年目には普通に歩けるようになったと聞いています。私は生まれたばかりだったので、その出来事は覚えていないのですが、もの心ついた頃姉は歩いていました。姉の経験を考えると、心の底に何か確信めいたものが生まれてきました。そして、「1年かかるつもりでやってみましょう」と提案しました。手術は延期し、代わりに週2回ベビーマッサージを行うことにしたのです。

この年頃の子どもは、一瞬もじっとしていません。ステファニーも例外ではありません。腕と肩の力だけで、ずるずる身体をひきずって室内を動きまわります。おとなしくマッサージを受けてくれるのかと不安に思っていました。しかし、初日からマッサージが大のお気に入りとなり、私を見ると自分から寄ってくるようになりました。横になって、「やってやって」とねだります。

彼女の様子に、確信めいた思いははっきりとした確信に変わり、マリアにもやり方を教えて、残る週5日は彼女がステファニーにマッサージをしました。

変化は3ヵ月頃から始まりました。半年くらいで目に見えてよくなり、高いハイハイができるようになりました。それからすぐに立ちあがり、1年後には同じ年齢の他の子どもとまったく変わりない成長度合いになっていました。

ベビーマッサージの驚異

その後、マリアの紹介が発端になり、問題をもつ赤ちゃんが次々と私のもとを訪れるようになりました。足の悪い子、成長が遅れている子が多く、年齢や症状によって運動療法やマッサージなど、ボディワークの技法を色々使いわけるようになっていきました。

親たちからは、マッサージを受けた日やその翌日は子どもの機嫌がよくて、聞きわけがいい、夜泣きがなくなった、ぐっすり眠ってくれるので助かる、食べ物の好き嫌いがなくなった、などという話がよく出ました。ボディワークを受ける大人も同様の感想を口にしますが、子どもと大人では、効果に決定的な違いがあるのがわかってきました。

乳幼児の場合、身体ができあがっている成人と異なり、マッサージをすることで脳や神経系の発達が活性化されます。そのため、効き目は一時的なものだけでなく、生涯におよびます。ベビーマッサージは神経系に働きかけるものなので、私の姉の場合はポリオでマヒした下半身の神経が回復し、何らかの理由で神経の発達が遅れていたステファニーも、マッサージで急速に成長が追いついたのです。

成長の遅れた赤ちゃんもぐんと体重が増え、手足の運動機能が発達してきます。なおかつ、神経系の発達は精神的な成長のもとをなし、人間性や性格形成の土台を築きます。

出生期心理学との出会い

その頃の私は仕事のかたわら、専門の研究所や研究機関に行って心理療法を学んでいました。その関係から、心理学者の友人にまったく新しい心理学のワークショップがあるから行かないかと誘われました。

ロサンゼルスから車で2時間ほど南へ行ったところに、ミュリアタ・ホットスプリングスという温泉リゾート地があります。そこに宿泊しながらワークショップを行うというのです。何をするのかは、友人にもわからない様子でした。アメリカで温泉を楽しめるという話にひかれた私は、一緒に出かけることにしました。

温泉地はヨーロッパスタイルのリゾートで、到着するとパーティールームの一室に案内されました。そこには50名ほどのヤッピーが集まっています。流行に敏感な彼らは、新しい知識や体験は何でも実行します。

オーストラリア人のグラファム・ファラント博士が登場し、当時始まったばかりの出生期心理学について、なまりの強いオーストラリア英語で講演しました。

「出産のときの体験は、その後の人生を支配するほどの影響をもたらす」

と語り、ビデオで多くの症例を見せて説明します。ここで私は初めて出生期心理学やバーストラウマ（誕生時のトラウマ）について知りましたが、他の参加者も初めてらしく、みんな半信半疑の顔をしています。

その後、博士によるセラピーが始まりました。そこでの体験は驚くべきもので、参加者全員にとって忘れられないものとなりました。博士の講演に半信半疑の人も、まったく信じなかった人も、自分が生まれたときのことを再体験してしまったのです。

互いに顔を見合わせ、交わす言葉は同じです。

「信じられない。けれども、これは本当だ」

よみがえる誕生の記憶

こうして、ファラント博士との体験がきっかけとなって、当時新しく登場した出生期心理学やトランスパーソナル心理学に出会いました。

この頃のカリフォルニアには時代の先端をいく学者たちが集まっており、ラッキーにも、私はこれらキラ星のような高名な学者たちから直接手ほどきを受けることになりました。

なかでも、トランスパーソナル心理学の創始者で、国際トランスパーソナル心理学会会長のスタニスラフ・グロフ博士など、臨床体験を重視する学者たちとの出会いは印象的でした。

彼らのもとには、世界中から医師や学者が集まり、新しい理論の検証を試みていました。新しいというのは、バーストラウマ理論のことです。簡単に言うと、出生前後のできごとがその後の人生に影響をおよぼすというもので、その前提に人は自分の誕生を記憶をしているというのです。

「胎児や新生児は脳が未発達でまだ心がないはず」
「自分が誕生したときのことなど思い出すはずがない」
「生まれるときの状況が、その後の人生を決定づけるなどバカげている」

そう反論する人たちがセラピーを受けると、たちまち赤ちゃんがえりしてしまいます。大学教授であろうが医師であろうが、生まれたときは赤ちゃんです。そして、子宮にいたときや出生時の記憶を思い出すのです。

よみがえった彼らの記憶は、現在の彼らがもっている世界観や価値観、心理的な問題と密接に関わりがあるものでした。誕生の再体験をした人は、成長過程や成人してから身につけたと思っていたものが、実はすでに新生児のときからあったものと思いあたるのです。

心の傷、トラウマ

ここで、トラウマについて説明しましょう。トラウマというのは、何らかのできごとで負った心の傷を指します。もとは精神医学や心理学の専門用語で、普通の会話に使われることはありませんでした。

そのトラウマが、最近の日本の若者の間では日常的に使われるようになっています。彼らはトラウマという言葉に何らかの関心があり、共感すらもっています。この現象は、心の傷に痛みをもつ人の数が潜在的に増加していることと関係があると思われます。

自然に治っていく身体の傷と違って、心の傷は目に見えず、放っておくといつまでも残ります。そして、その人の人格や人生さえも狂わせるほどの影響力をもつのです。人格ができあがった大人になってからのトラウマは、その傷が心の周辺部にとどまりますが、誕生時に受けたトラウマは心の核、つまり中心部に位置し、それが性格形成や世界観をつくるもとになります（図1・2）。

私の経験からすれば、どんな問題も、その根はたいてい人生の初期につくられています。

図1●心の中心部のトラウマ

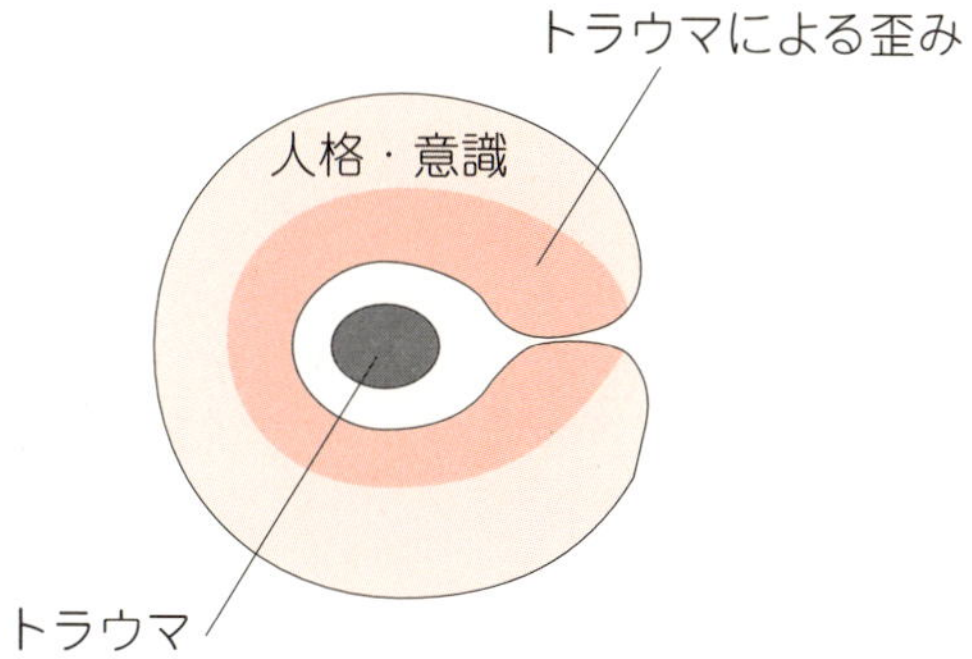
トラウマによる歪み
人格・意識
トラウマ

妊娠・出産・出生直後のトラウマは、心の中心に位置するため、その後の人格や性格形成全体に影響を与える。

図2●心の周辺部のトラウマ

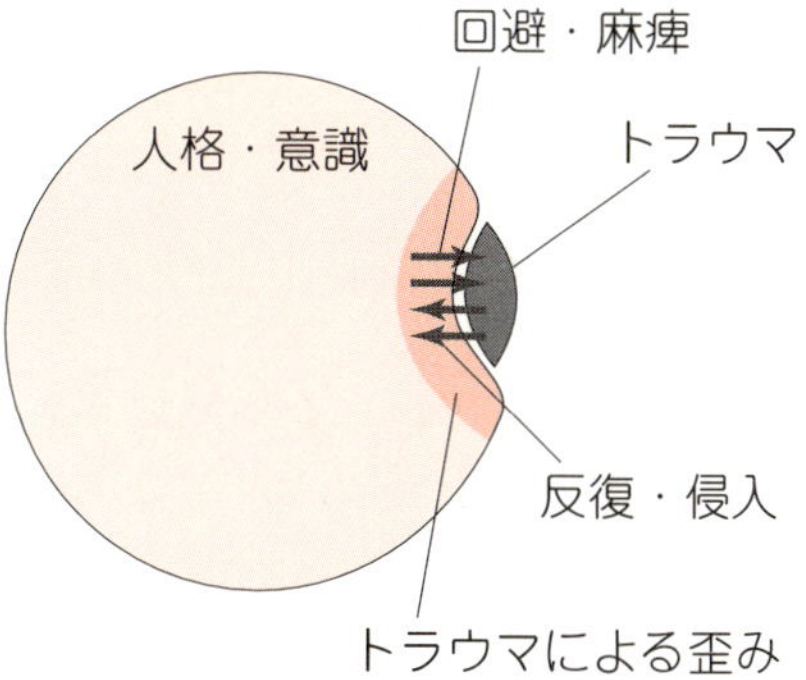
回避・麻痺
人格・意識
トラウマ
反復・侵入
トラウマによる歪み

成長後のトラウマは、人格や性格に影響があるものの心の周辺部に位置するため、ほんの一部にとどまる。

（西澤哲『子どものトラウマ』講談社より、一部改変）

こうした胎児期や出生期の経験は、通常意識されることはないのですが、意識下に潜んで、人生全体に影響をおよぼし続けます。

トラウマになっているものが何かは忘れてしまっても、成長するにつれ理由のない不安や怖れにおびえたり、対処しようのない悲しみや寂しさ、孤独感を抱えるようになっていきます。トラウマの痛みは時と場合に応じてさまざまな現れ方をし、とくに人生の重要な場面を迎えたときに、突如無力感に襲われたり、失感情になったり、過度に攻撃的になったりすることもあります。また、日常生活において、認知力、感情生活、行動などにも影をおとし、良好な対人関係を結ぶのが困難になることも多く見受けられます。

それだけに、トラウマを癒すことは、人生そのものを変革することにつながるのです。

最初のトラウマ

さて、バーストラウマに話を戻しましょう。現在はすべてのトラウマの根源に、バーストラウマがあると認められてきましたが、この説が初めて登場したときは荒唐無稽な説と思われました。

時代をさかのぼり、一九二〇年代のことです。オーストリアの心理学者オットー・ランクは、フロイト（近代心理学の祖）のお気に入りの弟子の一人でした。彼は観察力が鋭く、人はひどい不安に襲われると、しばしば誕生時の赤ちゃんとよく似た現象を示すことに気づきました。このことから、ランクはすべての精神の葛藤は、誕生時のトラウマ（バーストラウマ）に起因するということを導き出したのです。

彼によれば、誕生による母親との分離が不安感をつくり出し、その後の人生で別れを経験する際、その不安が再びよみがえるというのです。

この理論は一度無視されましたが、20世紀後半になって見直されるようになりました。今度はさらに詳細にさまざまな角度から研究され、受胎時や子宮環境、産道での体験がバーストラウマを生むということが知られてきました。

現代の出産がもたらすバーストラウマ

さらに、最近の臨床例は、出産の仕方が赤ちゃんの心にトラウマを与えていると報告します。近代の欧米では病院や医師のコントロールがあまりに強化され、自然の流れや、本人の身体のリズムや意志を無視した出産法が主流になりました。そうした現代産科学のもとに生まれた子どもたちは、心に大きな傷を負ってしまいました。

母子の自然なリズムが尊重されていれば問題なく済んだものを、必要以上の介入を受けて不自然な出産を余儀なくされた場合、母子ともに心理的なダメージを残すことになります。ものごとを理性的に理解できる大人にすら、心に受けるダメージはしんどいものです。ましてや、生まれたばかりの赤ちゃんには、はかりしれない痛手が残ります。トラウマは心の中心にもぐり込み、長い期間潜伏したあと、思春期や結婚、出産など、人生の節目にさまざまな形をとって現れてきます。

日本でも、戦後、欧米流の近代的な出産や育児が普及したため、欧米と同じ問題が起きています。誕生のときに受けたトラウマを解消できないまま成長した子どもたちは心に闇を抱き、それが社会問題を招くまでになっているのです。

人生の明暗をわけるバーストラウマ

生まれてくるときの記憶は、身体や細胞に刻まれており、それがセラピーによって緊張や痛みとして出てきます。生まれてすぐにお母さんから引き離された悲しみや、どんなに泣いても抱いてもらえなかった孤独など、欧米人の大半はふれない育児法で育てられているため、セラピーを受けるとこうした感情がよみがえります。

薬物依存や対人恐怖症、アダルトチルドレン、ひきこもり、暴力などの問題を抱えて私たちのセラピーに訪れた人が、古い記憶を思い出したとき、それらの問題のもとが胎児期や出生期、または出生直後のケアのまずさに関わっているとわかることも数多くあります。

スタニスラフ・グロフ博士に師事し、ファシリテーターとして全米各地で開催されるセラピーに招かれ、世界中の人の出生の再体験に立ち会うことになりました。これは貴重な経験でした。あらゆる体験が、胎児には知性と心が備わっており、受胎、細胞分裂と同時に精神的な成長を始めていることを実証するものでした。この点に関しては人種や文化、性別の違いはなく、人間はみな同じです。

胎児や新生児の時期から心ある人間として尊重された人と、そうでなかった人の明暗は大きく、その人格形成に与える影響ははかり知れません。

人間は自らを癒す力をもっていますが、肉体的な傷と異なり、心理的な傷（トラウマ）は放置しておくといつまでも癒されないままです。成人になってからバーストラウマを根源から癒すには、特殊なセラピー手法と時間と労力が必要です。しかし、子どものうちであればそれほどの労力は要しません。伝統社会には、幼いうちに誕生の疲れを癒し、バーストラウマを解消する智恵がありましたが、現代の育児法にトラウマを癒す手法はなく、加えて生活環境も育児環境もあまりにストレスが強く、目に見えない心の傷は放置されたままとなります。

ベビーマッサージでトラウマを癒す

胎児期と誕生期という人生初期に体験したパターンは、成長後の性格や行動のパターンを形成し、日常生活のなかでくりかえし現れてきます。

表2にまとめたのは、私たちが観察した周産期の状況と、成人してからの性格についてのおおまかな傾向です。よい子宮から正常分娩で生まれてきても、ベビーマッサージで誕生の疲れを癒す必要があるのに、悪い子宮で難産でと多重のリスクを背負って生まれてきた場合、その後の人生は険しいものになってしまうでしょう。

一九七〇年代から八〇年代にかけてのアメリカでは、こうしたバーストラウマを癒すセ

表2●バーストラウマ一覧表

（作成：能登春男）

時期	状況	経験内容	成長してからの性格と行動の傾向
胎児期	よい子宮	海のなかに漂っている、温かい羊水にうかぶここちよさ 宇宙や自然との一体感	自己尊重 自己充足 美しい自然を好む
	悪い子宮	母親の感情的ストレス（不安、恐れ、怒り）	自己否定、自己嫌悪 ひがみやすい
		アルコール、タバコ、薬物 環境汚染	発育障害、アルコール依存、タバコ依存 薬物依存
分娩期	安産	胎児と母親の共同作業、達成感 解放感	楽観的、外向的、幸福な人生 人を疑わない性格 困難に立ち向かい打ち勝つ
	難産	子宮の収縮による頭や身体への強い圧力および重み 永遠に続く苦しみ	試練を好む、より困難な道を選ぶ、挫折しやすい 環境の変化への過剰反応と攻撃性 ひきこもり、自閉 攻撃的、暴力的傾向
	逆子	後退りして生まれてくる、子宮の収縮による頭や身体への圧力や重みは緩和される	前進しなければという焦りと前進することへの恐怖 他人に頼りがち、他人とコミュニケートしない
	へその緒のからみ	呼吸困難 しばしば仮死状態	呼吸器疾患、言語障害、ぜんそく パニックになりやすい
	麻酔出産	胎児の意志を無視 胎児に無力感	薬物依存 無力感、無気力、不能感
	帝王切開	計画出産と緊急切開によって異なる	刃物への執着、危険を好む 異常な恐怖と攻撃性、努力を好まない、目的達成に多くの助けを必要とする
			よい面→情熱的、自発的、芸術家肌
	早産児 未熟児	早産の程度により異なる	情緒面の発達不全、焦燥感 外出にたいする恐怖
出生後のケア	保育器	母親との長期の分離、接触喪失	自主性の欠如、他人によりかかる、ユーモアに欠ける、論理的
	接触不良	保育器やその他の理由により母親との接触を失う	皮膚疾患、ぜんそく、呼吸器障害 アレルギー疾患、情緒面の障害 非社交的、行動異常、精神分裂症 摂食障害、アダルトチルドレン
	運動の制限	ベビーサークルや歩行器などで自由にはいまわれない場合	脳の発達障害 どもりなど言語障害 言葉の発達不全

ラピーについての研究が数々行われていました。私たちもグロフ博士のもとだけでなく、機会を見つけてはセラピストや学者のもとを訪れて意見を交換し、さまざまなトレーニングを積んできました。帰国してからも、日本で同様のセラピーを行ってきましたが、多くのケースを観察するうち、子どものうちであれば成人してからよりも楽に、かつ効果的にトラウマを解消できることを発見しました。

トラウマを癒すのは、それが適切な方法であれば、早ければ早いほどよいのです。早く癒されれば、それだけ人格に歪みを与えることなく、もって生まれた才能をより伸ばし、人間関係に臆することなく、人生をより幸福で恵まれたものへと変えられます。

癒しのプロセスは、年齢が若いほど短期間に進むので、赤ちゃんの方が、バーストラウマが楽に癒されます。最近はトラウマがあるとわかっている場合は、赤ちゃんのうちにセラピーを行うようにしています。通常、セラピーには特殊な手法を用います。しかし、平常出産程度の軽いものであれば、ベビーマッサージで十分な効果を発揮します。成長してバーストラウマの影響にふりまわされる前に、赤ちゃんのうちに癒しておくのです。

ステファニーは、その後のびのび元気に育っています。冷たい手術台にやみくもに乗せていたら、肉体だけでなく心にまでとりかえしのつかない傷を残してしまっていたでしょう。ベビーマッサージとの出会いは、ステファニーの人生を自信と健康にあふれるものへと方向転換させました。

彼女の例が物語るのは、ベビーマッサージは人生のスタートを最高のコンディションに整える最良の方法だということです。そして、この世に生まれてきた赤ちゃんにとってお母さんの存在と手のひらは、愛と慈しみを確認できる、最高の贈り物なのです。

第3章

ベビーマッサージで心と体を育む

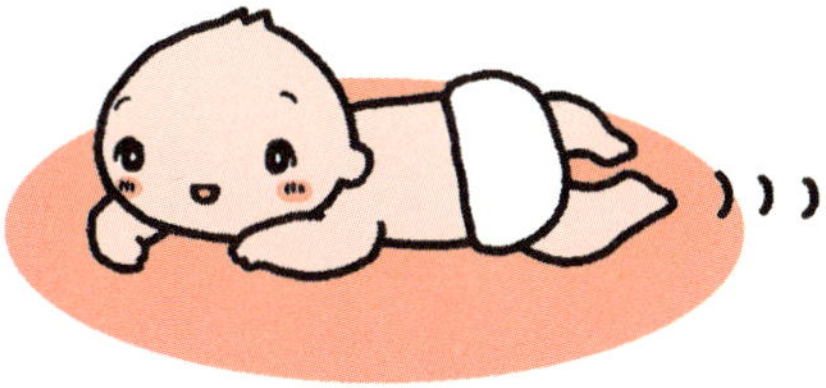

心の栄養、ベビーマッサージ

マッサージといえば、スウェーデン式マッサージやスポーツマッサージが盛んですが、もともと世界中の国にさまざまなマッサージがありました。マッサージを受ければその効果については体感できますが、最近は科学的な裏づけもなされています。

さて、赤ちゃんへのマッサージは、ふれあうことがもっとも大切な目的です。スキンシップのためのマッサージと言ってよいほどです。この点が大人に対するものとまったく異なります。赤ちゃんがふれあう相手は、お母さん、お父さん、それからおばあさんや兄弟などの家族です。

先に紹介したフランスの産科医で出生期心理学の提唱者の一人、ルボワイエ博士も、その著書で「抱かれ、ふれられ、愛撫されることは、赤ちゃんにとって栄養のようなもの。ミネラル、ビタミン、タンパク質と同じくらい必要な栄養分です」と語ります。

ふれられること、マッサージされることが、赤ちゃんの今と将来にどんなすばらしい贈り物をもたらすかは、ベビーマッサージを実践する家庭からも報告されています。

ベビーマッサージの医学的効果

マイアミ大学皮膚接触研究所のティファニー・フィールド博士の医学的研究では、毎日マッサージを受けた未熟児は47％も体重が増え、よく眠るようになり、運動機能が向上し、情緒が安定したと報告されています。

また、デューク大学の生物心理学者、ソール・シャンバーグ博士は、ネズミを使った実験で、生まれて間もないネズミの赤ちゃんを母親ネズミから引き離すと、成長が止まることを発見しました。常に親がなめてあげていないと、成長ホルモンの分泌が減ってしまうのです。ネズミだけでなく、すべての哺乳動物は、赤ちゃんの成長に皮膚への刺激が不可欠です。

最近、シャンバーグ博士から私のもとに送られてきた研究レポートには、さまざまな効果が報告されていました。

ベビーマッサージは、ぜんそくの回復・改善に効果があり、親子ともどもに心理的な安定をもたらします。さらに、皮膚接触の刺激は、脳をはじめとする神経系統を活性化させ、全身の内分泌系（ホルモン系）にもよい作用をもたらします。ストレスがやわらぎ、睡眠量が増え、心が安定します。食物の吸収率もよくなり、成長ホルモンの分泌量が増えます。その効果を毎日家庭で確かめるのは、なかなかうれしいものです。育児にはりが出て、自信とゆとりが生まれてくるでしょう。

赤ちゃんの脳に働きかけるベビーマッサージ

成人対象のマッサージは、主になでたり、押したり、たたいたりすることで筋肉をやわらげ、血液循環をよくします。それが、疲労回復、病気予防、ケガや病気の回復、改善に役立つのです。

一方、ベビーマッサージは神経系統に働きかけます。やさしいタッチやマッサージ、感覚覚醒のためのエクササイズが自律神経系や末梢神経系を刺激し、間接的に脳に働きかけるのです。

あらゆる動物は脳によって、身体の各部をコントロールします。人間の脳は、思考や創作など高度な精神活動、そして記憶、感情などの心の働きもコントロールします。新生児の脳は、驚くほどの速度で成長しており、生まれたときは成人の脳の30％の重さですが、3歳までに70％以上にまでなります。

その間、ただ単純に大きくなるだけでなく、外からの刺激を受けて神経回路のネットワークがつくられます。生まれたばかりの赤ちゃんの脳はうつわができているに過ぎないのですが、その後の親子のふれあいや、見聞きする経験の一つひとつがよい刺激となって、神経の回路がつながっていきます。

心と脳の相関関係

ところで人の心は、大きく分けて「知」「情」「意」の三つの働きをもつといわれています。「知」は思考や知性、「情」は喜怒哀楽の感情、「意」は生きる力や意欲です。どれが欠けても、円満な心は成り立ちません。

この三つの心の働きは、ちょうど脳の部位にも対応しているのです。「知」は大脳皮質、「情」は大脳辺縁系、「意」は脳幹です（図3）。

胎児の脳は生物の進化のプロセスを猛スピードで駆けぬけ、系統発生的に古い部位から

図3●心の働きと脳の部位

心の働き

心

知	**情**	**意**
＝	＝	＝
思考 知性	情緒 感情	衝動 生きる力 行動の意志
抽象的な観念 論理的思考	**快・不快や喜怒哀楽 などの感情・情緒**	**生への衝動や 生きる意志**

脳の部位

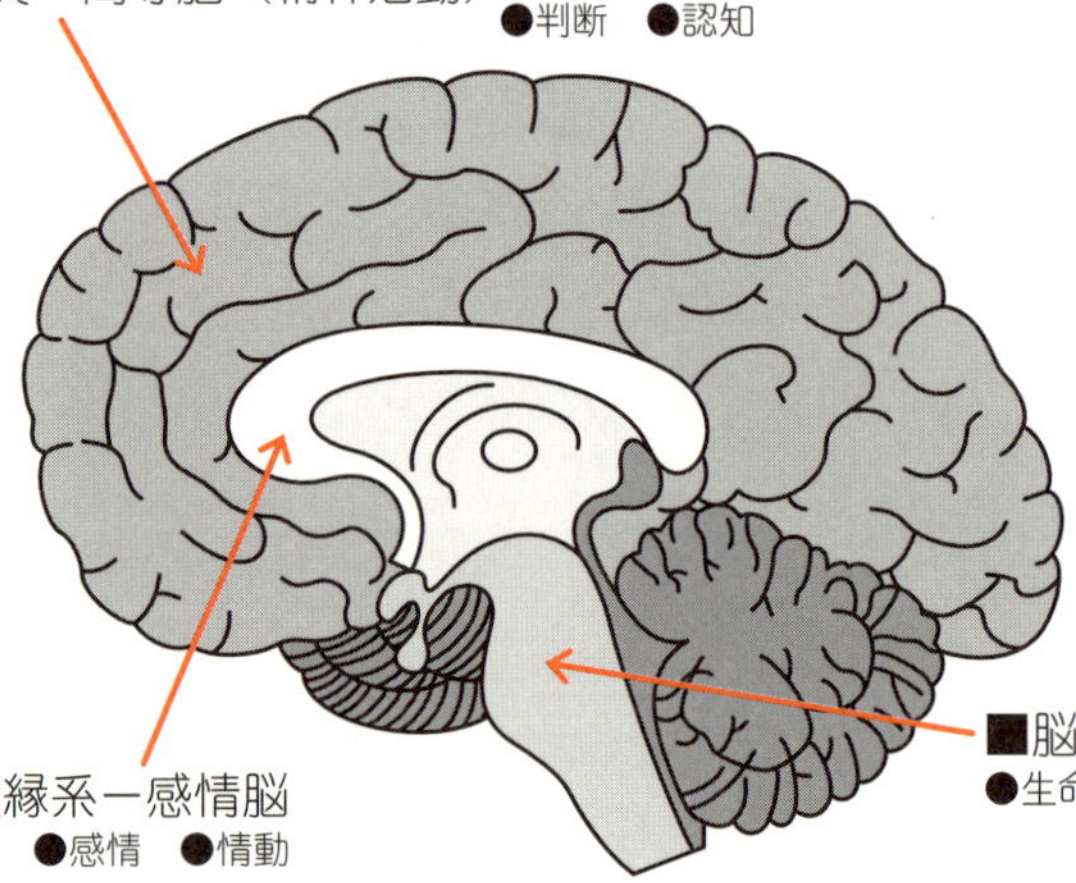
■大脳皮質ー高等脳（精神活動）
●記憶　●思考
●判断　●認知
■脳幹ー原始脳
●生命力　●意志
■大脳辺縁系ー感情脳
●喜怒哀楽　●感情　●情動

順に発達していきます。まず呼吸など生存に欠かせない機能をつかさどる脳幹（生命力をつかさどる）が働き始め、小脳、大脳辺縁系（感情）の発達、そして最後に大脳皮質（思考や知性）の発達へと進みます。

赤ちゃんや子どもにたいするマッサージは、皮膚への刺激がそのまま脳への働きかけとなるため、脳幹や大脳周辺系の成長をうながし、生きる力や意欲、愛と慈しみ、喜びや満足の情愛を育てるのです。

こうして、愛され、語りかけられ、ふれられるうちに脳は自然に発達していき、心の原型が形づくられていきます。

ベビーマッサージの効果

1　子どもの生きる力を引き出します

誕生した直後に受ける皮膚刺激は、赤ちゃんが生きのびていくための必須条件です。動物の母親は子どもをなめまわしますが、人間はマッサージを行います。そうすることで誕生の疲れを癒し、子宮の外で生きていくための器官（呼吸器や排泄器など）を活性化させるのです。もしも、必要な癒しが得られなければ発達が遅れ、その回復には長い時間が必要となります。

2　親子の絆を深めます

居心地のよい子宮に別れを告げて、この世界に生まれ出た赤ちゃんにとって、肌にふれられることは、歓迎されていることを知る最高のコミュニケーションです。誕生時の母親とのふれあいが、本能のなかに親子としての絆を刷り込むのです。

親との絆は、子どもの心が健やかに育つ出発点となります。それが、自分の存在の核となり、その後の発育、成長の土台になるのです。

乳児期に築いた親子の心の絆は、一生続くでしょう。

3　愛と信頼の人間関係を育て、EQ能力を高めます※

家庭でよく抱かれる子どもは、保育園の保母さんと仲よくなるのに成功し、その成功が次の新しい環境で成功していくもとになっていきます。お母さんお父さんのスキンシップは、赤ちゃんにとって最初の世界観であり、すべての人間関係の基礎となります。親との間に確かな信頼関係をもてた子どもは、良好な人間関係のパターンを身につけているので、その後の人生でも優れた対人能力や社会性を発揮し、将来の成功の鍵となります。

（注）※EQ＝エモーショナル・クオリティの略。情緒的な能力のことで、代表的なものに対人関係能力などがある。

4　育児に自信とゆとりをもたらします

マッサージによる赤ちゃんとの皮膚接触は、お母さんの体内にホルモンを分泌させ、産後の回復や精神的な安定、充足感をみちびき出します。

また、お母さんが子育てに援助が得られなかったり、育児疲れでストレスがたまるなど悪循環に陥ると、子どもの成長や情緒的な発達にも影響を与えます。その意味でお母さんが心身ともにゆとりをもつことが、とても大切です。

ベビーマッサージを通じて赤ちゃんの気持ちや日々の調子を把握できるようになると、欲求を言葉で表せないでいる赤ちゃんの思いを感じとれ、細かく見分けられるようになります。おかげで安心と余裕をもって対処でき、子どものかわいらしさを味わうゆとりが生まれます。

5　夜泣きがなくなります

夜泣きの原因については各国で研究されていますが、今もって解明されていません。胃腸の不快感や痛み、ガス、日中の過剰刺激が原因という説があります。また、最近は誕生時のバーストラウマが原因しているとの見解もあります。

何が原因にせよ、夜泣きにはベビーマッサージがとても効果的です。夜泣きがなくなるだけでなく、眠りが深くなり、赤ちゃんがぐっすりとより長く眠るようになります。

6　赤ちゃんの発育がよくなります

昔から「寝る子は育つ」と言われます。科学的にも、成長ホルモンが睡眠中に放出されることが確認されています。ベビーマッサージによるリラックス効果は、赤ちゃんに深い眠りをもたらして成長ホルモンの分泌を高めます。そして、体重や身長の増加などの成長が促進されます（図4）。

7　心の元型となる感覚・感性を育てます

マッサージのリラックス効果は、身体や心を柔らかく伸びやかにするので、感覚、感性

図4●スキャモンの発育曲線

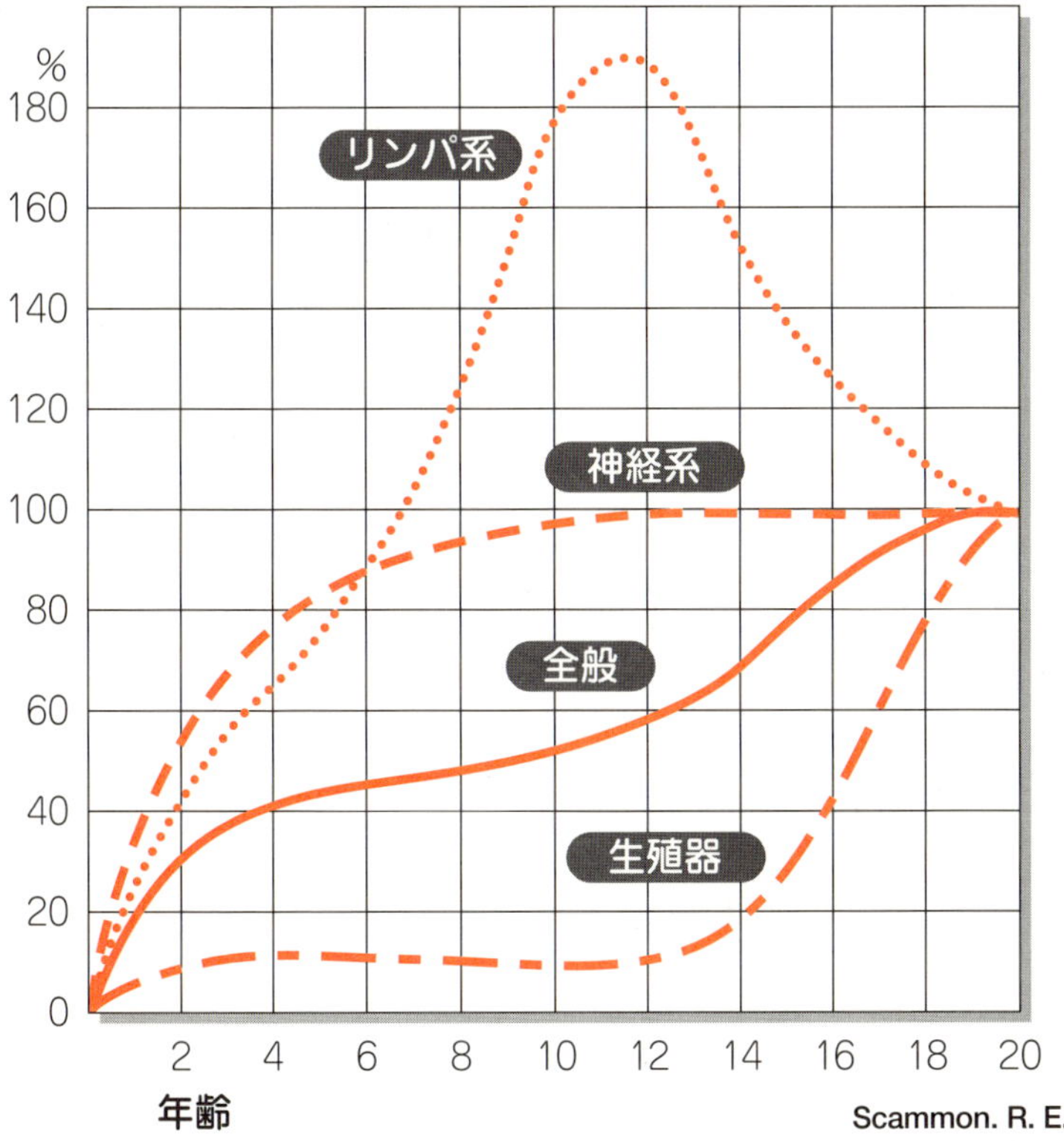

Scammon. R. E. より

グラフに見られるように、神経系は出生時から6歳まで驚くほど急成長し、この間に神経系の90%が完成します。

が高まります。

最近は、学校の保健室に行って「お腹が痛い」とか「頭が痛い」というような、身体の調子を説明できない子どもが増えています。身体感覚に乏しいため、自分の身体なのにどこがどうなのか把握できないのです。

マッサージを受けると、子どもは「自分の身体」という身体感覚が身につきます。つまり、手や足などのさまざまな部分にタッチされて、自分の身体の大きさや形、肌触りなどを知るのです。各部位の関係性や感触を実感することで、感覚や感性が磨かれていきます。

8　赤ちゃんの運動機能が高まります

赤ちゃんの運動能力は、脳を含む神経系と神経組織の成長具合によって決まります。神経（脳）が発達することで、他の器官も成長するのです。ベビーマッサージやエクササイズは、赤ちゃんの脳の発育を促し、神経系統を良好に発達させます。

乳幼児期は、運動するだけで脳がフル回転しています。運動神経が発達すると、多彩な手足の動き、機敏さ、ハイハイ、立つ、歩く、と成長にしたがった運動機能が充実します（図5）。

図5●大脳の感覚野と運動野の分業図

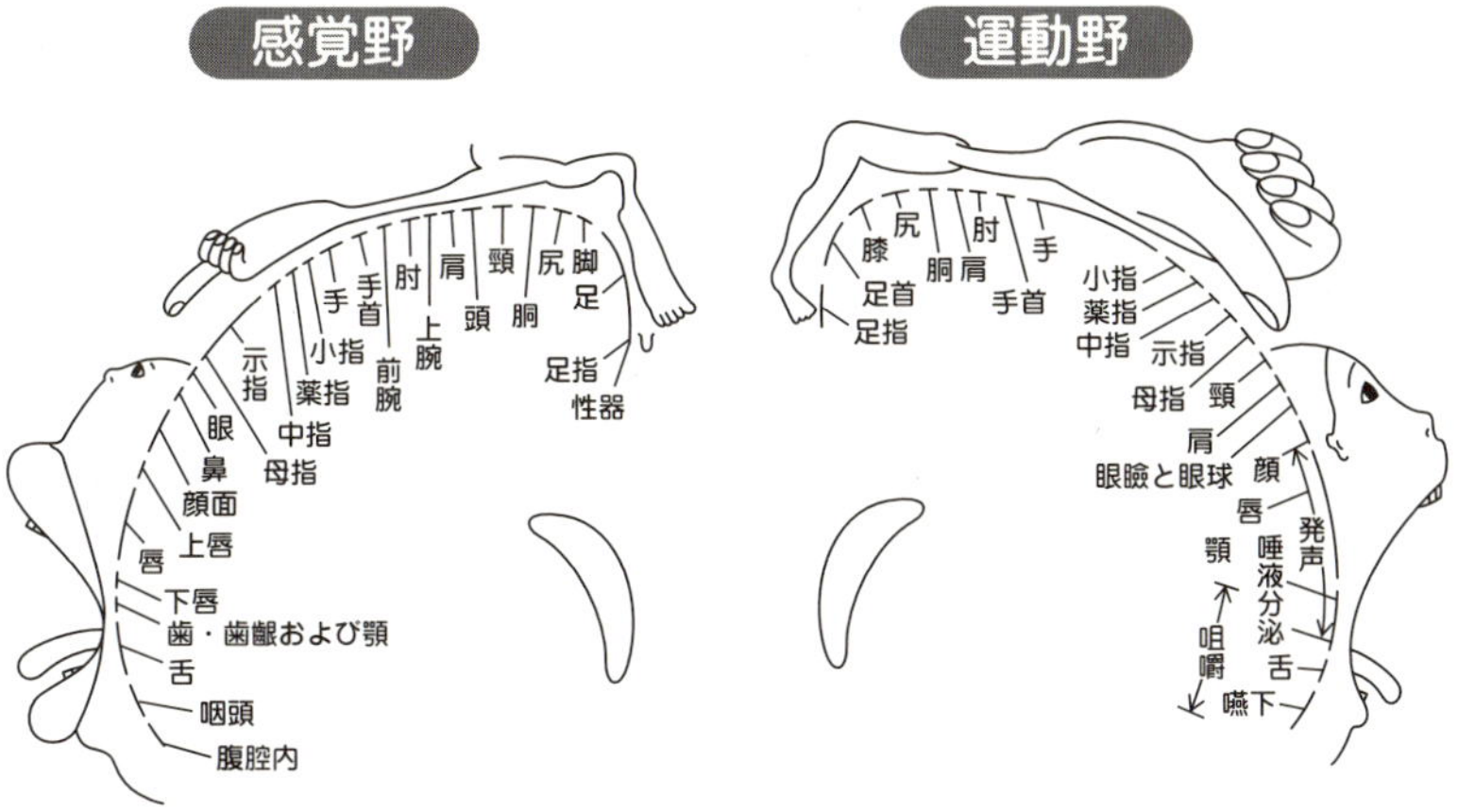
感覚野
手
手首
肘
肩
頸
尻
脚
足
頭
胴
上腕
前腕
小指
薬指
中指
示指
母指
足指
性器
眼
鼻
顔面
上唇
唇
下唇
歯・歯齦および顎
舌
咽頭
腹腔内
運動野
膝
尻
肘
胴
肩
手
足首
足指
手首
小指
薬指
中指
示指
母指
頸
肩
眼瞼と眼球
顔
唇
顎
発声
唾液分泌
咀嚼
舌
嚥下

大脳の新皮質にある運動野と感覚野の分業を絵で表したものです。

この図に見られるように、手や顔や口に対応する部位は広い面積をしめています。これは手、顔、口の運動や感覚に多くの脳細胞が関与することを示しています。

9 抵抗力、免疫力が高まります

マッサージによって循環器系の発達がうながされるので、血行がよくなり、栄養が細胞の隅々にまで行き渡ります。筋肉の緊張がほぐれ、リラックス効果で解毒力や抵抗力がつきます。さらに、リンパ系に働きかけるので、赤ちゃんの免疫力が高まります。

10 消化機能が高まります

マッサージのここちよい感触が、内臓の発育を助けます。自律神経の迷走神経が刺激されて、胃腸の働きが活発になり、インシュリン（ホルモンの一種）が分泌され、食物の消化吸収率が高まります。消化機能が高まるのでお腹の不快感やガスが解消され、下痢や便秘に効果があります。

11 皮膚が丈夫になります

アトピーは、赤ちゃんのときのお母さんや家族との接触不足が原因しているという説があります。日本でも最近は子どもたちのアトピー治療に、皮膚接触が用いられています。マッサージによるふれあい効果は、赤ちゃんの皮膚をより丈夫なものにしてくれるでしょう。

12　赤ちゃんの呼吸が深まります

呼吸は、生命維持に欠かせません。大人も子どもも呼吸が浅いと、感覚や感性が鈍くなり、イライラし、情緒不安や無気力、無関心を招きます。生まれたばかりの赤ちゃんも同様です。

呼吸で体内に取り込まれた酸素は、血流で全身に送られます。成人はそのうちの約４分の１が頭に配分されますが、幼児の場合は半分が脳へ送られます。脳の発達・活動に、酸素は不可欠です。脳や神経がぐんぐん発達している赤ちゃんのときに呼吸が深まれば、それだけ頭脳の成長にもよい効果をもたらします。

13　赤ちゃんに幸福感をもたらします

スキンシップはここちよく、赤ちゃんは大好きです。マッサージは機嫌の悪い子どもを落ち着かせ、気持ちをやすらげます。ふれられることはエンドルフィン（ホルモンの一種）の産出を刺激し、赤ちゃんに満足と幸福感をもたらします。ベビーマッサージは、いつもにこやかな、おだやかな心の子どもを育てます。

14　赤ちゃんの将来に、よい影響を与えます

マッサージは身体的な効果はもちろん、心理的にも大きな恩恵をもたらします。赤ちゃんの場合、効果が現れるのがとても早く、一目瞭然。やりがいがあります。しかし子どもの発育は、そのときすぐ現れるものと、その時点では目に見えなくても将来大きな違いになって現れてくるものがあります。

人生初期の接触不良は、成長後の行動異常や心理的な問題につながります。最近のイギリスでは接触不足が、多動や犯罪に走りやすい行動様式を招いているという説が登場しています。

マッサージによるやすらぎと幸福感は、赤ちゃんのその後の精神的な発達に重要な影響をもたらします。

15　自信にみちた賢い子どもに成長します

生まれてすぐに体験することは、その後の人格形成のベースになります。親子の絆を結べなかった子どもは、常に欲求不満の状態で、母親の代わりとなるものをさがしもとめ、心理的にさまよいます。一方、スキンシップで家族の愛を実感した赤ちゃんは、情緒がし

っかりと安定し、自信にみちた賢い子どもに育ちます。

神奈川県こども医療センターの調査では、子どものＩＱ（知能指数）は情緒的な環境のよしあしによって変化するとわかりました。情緒が安定している子どもほど、知能指数が高いのです。マッサージによる情緒の安定は、ＩＱの発達にも役立つでしょう。

16　バーストラウマを癒します

現在、多くの産院で本来の自然な出産から遠ざかった、人工的にコントロールされた分娩が行われています。こうした不自然な出産環境は、生まれてくる赤ちゃんの心と身体に大きな負担をもたらし、バーストラウマとして心に傷を残します。そしてそれが、将来になって身体や心に問題をもたらす原因になるのです。

出生期心理学では、誕生の仕方が一生の運命を左右すると言われます。これまでの研究では、周産期の子宮内環境（母体のコンディション）、胎児期の母親の心理的・情緒的環境、出産とその直後のケアのまずさなどがバーストラウマの原因となることがわかっています。

放っておくといつまでも癒されないバーストラウマですが、軽いものであれば生まれて間もないうちにきちんとケアすることで、癒すことができます。ベビーマッサージは、軽いバーストラウマに、すばらしい効果を発揮します。

第4章

家庭でできるベビーマッサージ

大人と違う、子どもの心と身体

日本には昔、小児按摩《あんま》を専門とする治療師がいました。赤ちゃんのときだけでなく、小学生くらいの歳になるまで病気になったときはその治療のために、元気なときも病気予防と健康増進のために、こうした専門家にマッサージをお願いしていたのです。1年の半分をインドで暮らす知り合いから聞いたことですが、インドには今でも各町にベビーマッサージ専門のマッサージ師がいます。近隣のひとたちは新しく赤ちゃんが生まれると、毎日やってもらうそうです。母親に産後の疲れが残る新生児期はこうした専門家に頼み、その後はやり方を教わって家庭でやるようになるのです。

病院に行くと小児科という子ども専門の科があるように、幼い子どもの心と身体は大人とは違うため、ベビーマッサージのやり方も大人へのマッサージとは異なります。

癒しの基本は、お母さんの愛

育児に自信がもてないと、お母さんはなにかと子どもをお医者さんに連れていくものです。赤ちゃんは言葉を話せないので、泣きやまないと心配のあまり病院に駆けこむ新米ママもいるほどです。

よほどのことならお医者さんの助けが必要ですが、赤ちゃんにとって一番のお薬はお母さんの愛情です。確かな愛情が、滋養あふれる栄養分となるのです。赤ちゃんは抱いたりふれたりされて元気づけられるのですから、泣かれてオロオロする前にまず赤ちゃんの様子をよく見てみましょう。

お母さんはセラピスト

マッサージは、言葉を使わないコミュニケーションにとても役立ちます。毎日赤ちゃんの顔や身体にさわるので、日々の健康状態や成長の様子をつぶさに把握することができます。とくに異常が起きたときは、早めに察知できるようになります。直接身体にふれるので、目で見てわからないようなこと、皮膚温度の違い（温いところ、冷たいところ）、肌のハリや感触、筋肉の強弱（柔らかい、堅い）、わずかな表情の違いなども、よりはっきり体感できるようになります。

さらに、赤ちゃんのしぐさや動作が何を意味するかもよくわかるようになります。何よりうれしいのは、言葉を話せない赤ちゃんの気持ちが、自然とわかることです。

お母さんが赤ちゃんの感じていること、欲求、これからやろうとしていることなどを感じ取れると、赤ちゃんもそれに応えてくれるようになります。

このように赤ちゃんへのマッサージはコミュニケーションの方法であり、育児上手になる手段なのです。お母さんは、赤ちゃんの心と身体については自分が一番のセラピストという、自信をもって欲しいものです。

マッサージで、感性豊かに

現代は、病気による子どもの死亡率が低くなり、栄養や住環境の変化で身長や体重などの体位もぐんとよくなっています。しかしりっぱな体格に反して、骨格の異常や体力の低下、アレルギーや小児成人病の増加など、子どもたちの身体に異常が増えてきました。なかでも心の未発達や行動の異常は、昔は見られなかった顕著な変化です。

感情の問題はとりわけ深刻です。怒りや暴力など攻撃的な感情を自分でコントロールできない、いわゆる「キレる」子どもが年々増えています。また、感覚や感情が未発達なため相手の痛みがわからず、死ぬまで殴り続けたり、自殺に追い込むまでいじめるなどの事件も発生しています。

子どもの感情は、一般的に「親との関係」「学習」「成熟」の要素によって発達するとされています。すべての基本はお母さんとの関係性にあり、誕生直後のふれあいが出発点となります。お母さんとお父さんとの温かいふれあいで安心して育った子は、この世は愛と信頼に満ちていると感じます。一方、十分ふれてもらえず見捨てられたと感じて育った子や、いくら泣いてもミルクをもらえず無力感を重ね続けた子は、この世を冷たいものとして体験してしまいます。こうした経験が、子どものなかで積み重なって学習されていき、将来大きな違いとなって現れてくるのです。

人生最初のふれあいが、思春期や成人してからの人間性や行動の基本となるのです。マッサージによるふれあいは具体的に愛情を伝え、子どもの心を安定させ、温かな思いやりや豊かな感性を育てていきます。

お父さんも、ベビーマッサージ

ベビーマッサージは、お母さんだけのものではありません。お父さんでも、おばあさんでも、赤ちゃんとコミュニケーションをとりたい誰もができるものです。赤ちゃんを生むのは女性の役割だし、母乳で育てれば父親の出る幕などどこにもないと嘆くお父さんにとって、ベビーマッサージは救いの主でしょう。

また、お母さんの愛が赤ちゃんに大切といっても、それはお父さんの心理的なサポートによって支えられているものです。お父さんの育児参加は、縁の下の力持ちとして赤ちゃんの成長に寄与します。

現代は、育児の責任が母親ひとりの肩に重くのしかかっています。毎日遅くまで会社で働いて、子どもの寝顔しか見たことがないというお父さん。ふだん接する時間が少ないことを挽回するためにも、たまの休日は子どもにマッサージをしてあげましょう。

最近は、父親が入ったあとはお湯を流して、きれいに洗ってからお風呂に入るという女性がいます。これは子どものときに、父親とのふれあいが足りなかったためです。もし、赤ちゃんのときからお父さんの手やにおいになじんでいれば、成長してから嫌がることもありません。子どもとの結びつきは、成長してから育てようとしても遅いのです。まず幼いときに、十分なスキンシップをしておきましょう。

赤ちゃんは自分を抱いてくれる手のひらからさまざまな情報を受けとり、それを身につけていきます。お父さんの手のひらから、男の子は将来の人間像を学び、女の子は男性との円満な人間関係を学びます。お父さんの手によるマッサージは、心理的にもより円満でバランスのとれた人間性を育てる大きな助けとなっていくのです。

大切な環境づくり

- マッサージは誕生直後の新生児から行えます。
- エクササイズは、首がすわってから始めます。
- マッサージは、お母さんお父さんをはじめ家族の誰でも行えます。
- ベビーマッサージの基本は、ふれ愛です。
- マッサージには、リラックスできる時間と場所を選びます。家のなかの一番落ち着ける場所に、マッサージ・スペースを用意しましょう。
●マッサージする場所は、清潔にしておきましょう。
●騒音や強い光は避けてください。
●リラックスするために、音楽をかけるのもよいでしょう。
●室内空気は、安全で新鮮なものにするよう心がけましょう。
●寒いときは、室内を暖めてから始めましょう。
●暑いときには、窓を開けるなど風通しをよくしておきましょう。
●室温を整えたら、床に布団か座布団を敷いて、その上に清潔なバスタオル（またはシーツ）を広げます。
●タオルの上に赤ちゃんを寝かせ、お母さん（お父さん）も床に座ります。
●余分なタオルやおしめも用意しておきましょう。その他、クッションや長座布団なども用意しておくと、いろいろ役に立ちます。

マッサージオイルについて

- マッサージは、マッサージオイルを使わなくてもできます。
- マッサージオイルを使う場合は、植物性のものでマイルドで香りのないものを選びます。鉱物オイルの使用は避けましょう。
- アロマオイルなど香りのあるものは、大人に薬効性があっても、赤ちゃんには刺激が強すぎます。皮膚炎の原因になるので、使わないほうがよいでしょう。赤ちゃんや子どもは、においにたいする感受性が、大人の100倍から1万倍もあるのです。
- とくに敏感肌やアレルギーのある赤ちゃんには、マッサージオイルのあつかいは慎重にしましょう。香りのないものでも使わないほうがよいこともあります。
- 赤ちゃんの目や口にオイルが入らないよう、基本的に顔をマッサージするときはオイルはつけません。
- 赤ちゃんが気持ちよいように、オイルや手は暖めておきましょう。

マッサージの準備①

リラックス
手を清潔に
ノーメイク
腕時計や
アクセサリーは
はずす
動きやすい
服

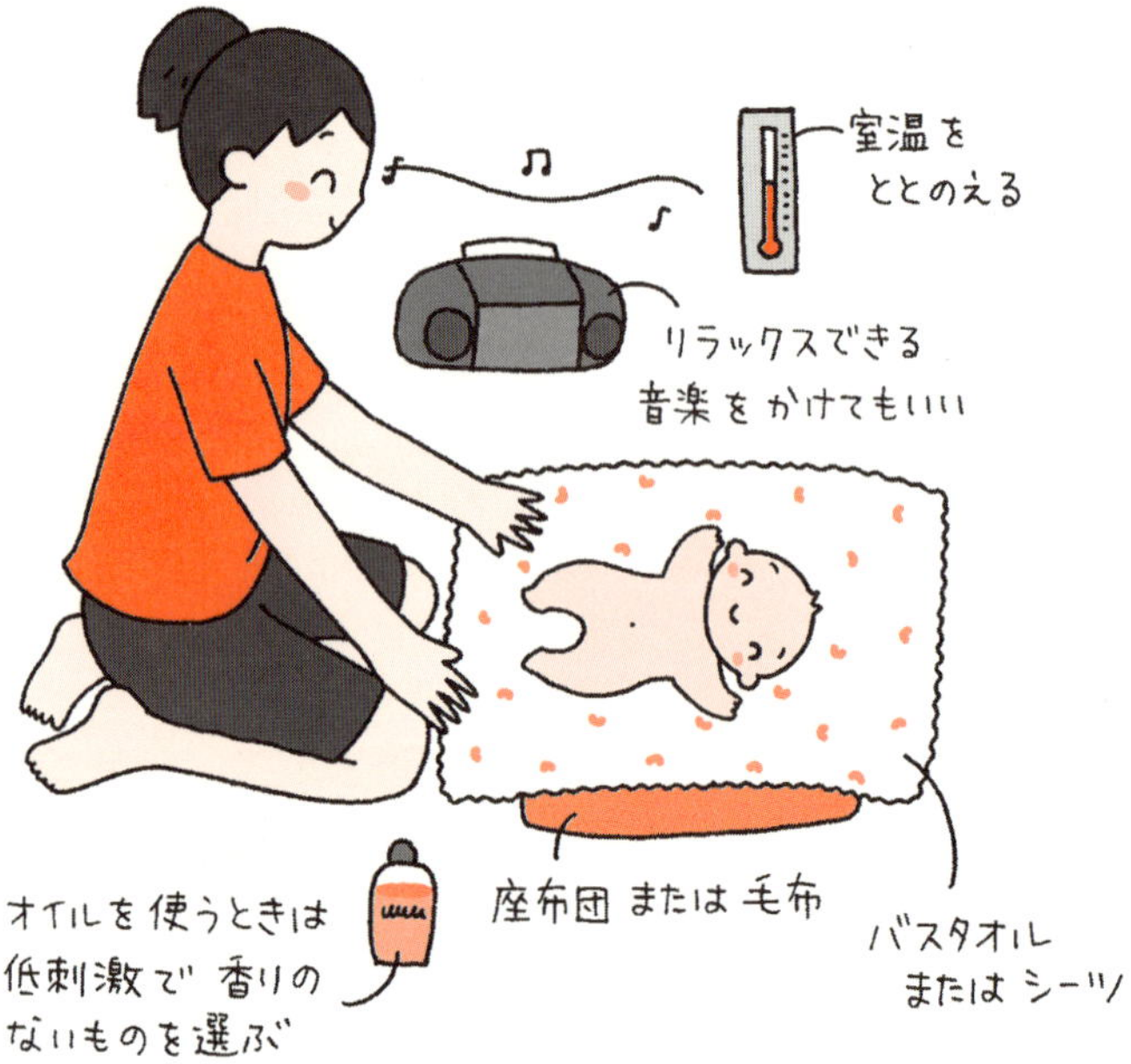
室温を
ととのえる
リラックスできる
音楽をかけてもいい
オイルを使うときは
低刺激で香りの
ないものを選ぶ
座布団または毛布
バスタオル
またはシーツ

マッサージの準備②

裸にして
いっしょにあそんだり
キャッ
服を着せたまま
手や足を軽く
マッサージしたり
マッサージしますよー
わく
わく

これから楽しいことが始まるという
雰囲気をつくります。

ベビーマッサージのための注意

●腕時計やアクセサリーをはずします。
●化粧や香水はひかえます。
●爪を切り、手を清潔にしましょう。
●マッサージをする人に心配や、恐れ、不安があるときは、休んだほうがよいでしょう。
●ケンカの後やイライラするときは、やらないでください。
●心を落ち着かせ、深呼吸してリラックスしてから始めましょう。

大切な赤ちゃんへの語りかけ

●タオルやオイルを見せたり、両手を見せて語りかけるなど、これからマッサージを始めると知らせる合図を決めましょう。
●赤ちゃんの目を見て、歌を歌ってあげたり、「かわいいね」と語りかけながらやってあげましょう。

●赤ちゃんが何も答えなくても、赤ちゃんにたずね、語りかけることで、赤ちゃんの気分や気持ちなどについて、より感じとりやすくなります。

マッサージのこころえ

●マッサージの姿勢は、赤ちゃんの成長に応じて変わります。3〜4ヵ月頃までは、赤ちゃんを床にねかせ、お母さんは両脚の間に赤ちゃんをはさむようにして座ります。

●成長して身体が大きくなってくると、膝をたてて座るほうがやりやすくなります。

●基本は、やさしく穏やかなタッチです。

●できるだけ長く赤ちゃんの肌にふれていられるように、手の動きはゆっくりやさしく長いストローク（なでること）で行いましょう。

●必ずしも全身マッサージを行う必要はありませんが、なるべく左右対象に行いましょう。

●赤ちゃんが嫌がったりむずかったら中断し、その日の様子を見ながら行いましょう。

●動きの少ない3〜4ヵ月までは、赤ちゃんを寝かせてマッサージを行えますが、それよ

マッサージの姿勢①

身体の小さいうちは、
両脚の間に寝かせて
行います。

赤ちゃんが 成長して
身体が大きくなってきたら、
ひざを立てて 行うと、
赤ちゃんの 全身に手が届きます。

マッサージの姿勢②

新生児のうちは、ひざの上に乗せたり
だっこしたりして、常に身体を接触させて
やってあげましょう。

床に座って
ひざの上にクッションを重ねて
マッサージ

いすに座って
ひざに赤ちゃんを乗せて
マッサージ

り大きくなったら膝の上に乗せたり、抱っこしてマッサージするのもよいでしょう。

●どんなに幼くても個性があります。赤ちゃんの成長やその日のご機嫌を見ながら、やってあげましょう。

●まだ月齢が低い赤ちゃんや、神経質な赤ちゃんは、ちょっとした刺激で泣き出したり、おびえたりすることがあります。こうした赤ちゃんには、よりゆっくりやさしく、ソフトなストロークでやってあげましょう。

●月齢6ヵ月以上になれば、赤ちゃんは皮膚への接触刺激をここちよく楽しめるようになります。赤ちゃんの性格や個性に合わせて、より元気に活発に、遊びを取り入れた（それでも、あくまでやさしく）やり方を工夫してください。

●マッサージの手順は、赤ちゃんのコンディションや月齢、季節など、そのときの状況によって変わることがあります。

●次章から紹介するベビーマッサージの手順は、健康な赤ちゃんに初めてマッサージをするためのものです。

第５章

ベビーマッサージを
やってみよう

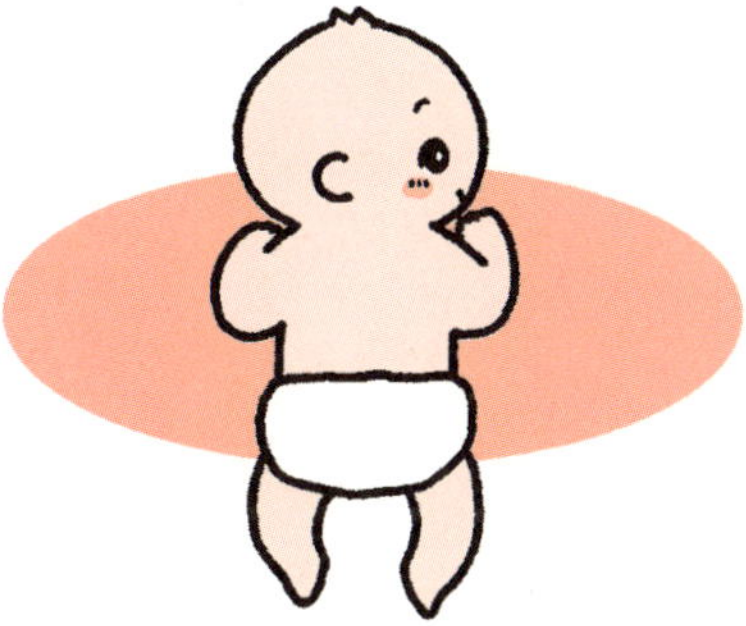

▼マッサージのイラスト解説

手の使い方

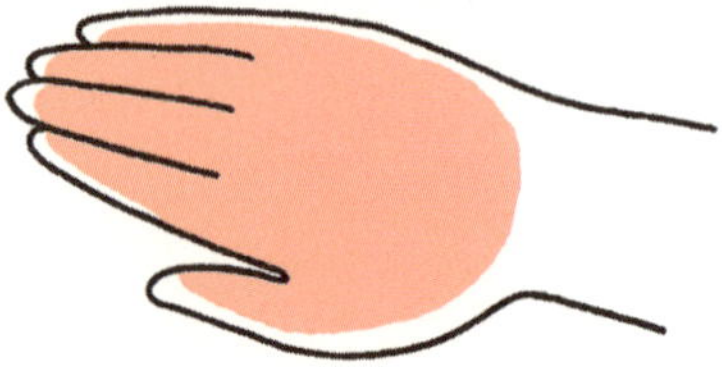

①手の平全体を使う

主に背中など面積の広い部位に使います

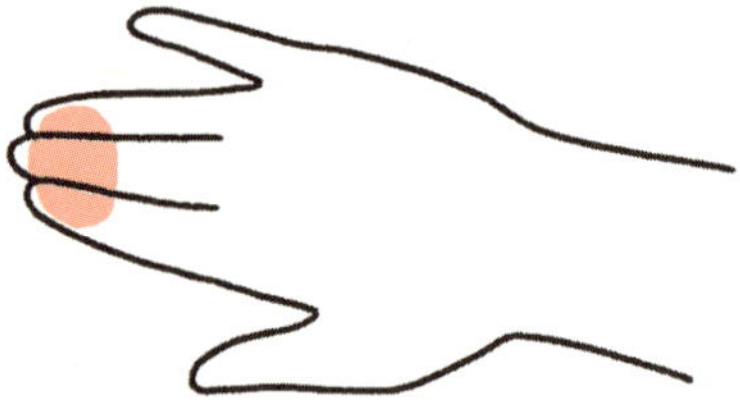

②指3本又は4本のハラを使う

胸、肩、背中や小さい子のお腹によく使われます

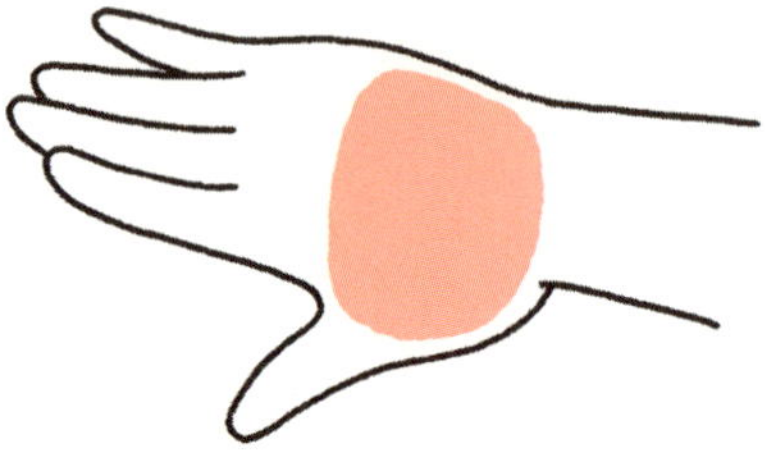

③手掌部（手の平）の肉厚の部分を使う

皮膚に圧力を加えるときに用います（背中やお尻など）

手の使い方

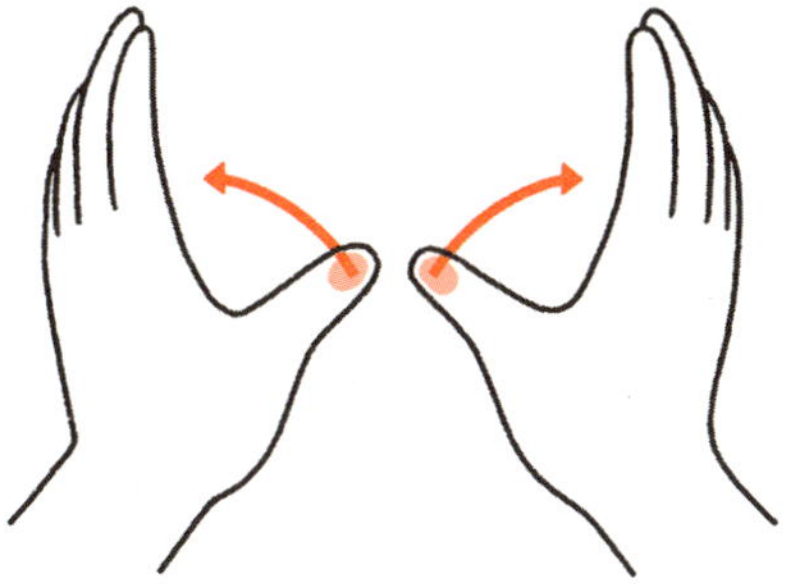

④親指のハラを使う

胸や顔、頭のマッサージによく使います

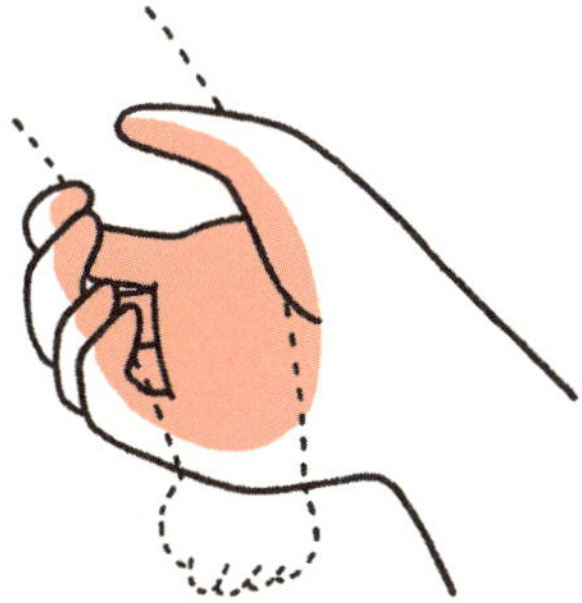

⑤ものを握るようにして、マッサージする

赤ちゃんの腕や脚のマッサージに用います

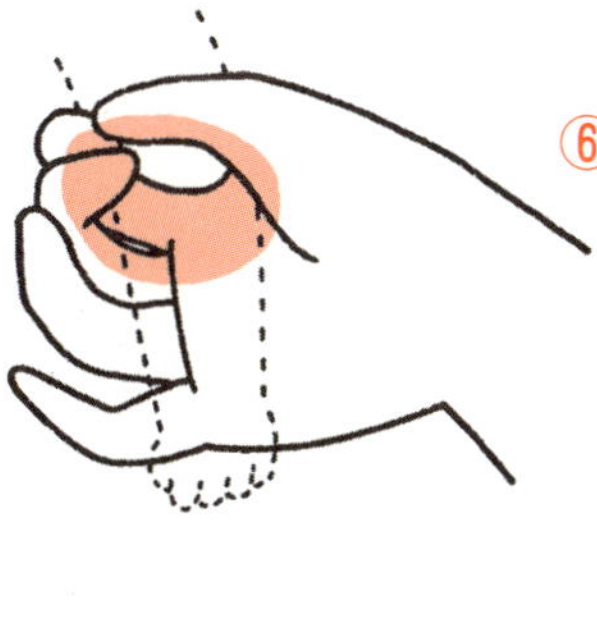

⑥新生児や未熟児の小さい赤ちゃんの場合は、親指とひとさし指・中指で輪をつくる

新生児の腕や脚など、細い部分をマッサージするのに使います

ハローストローク①（前面）

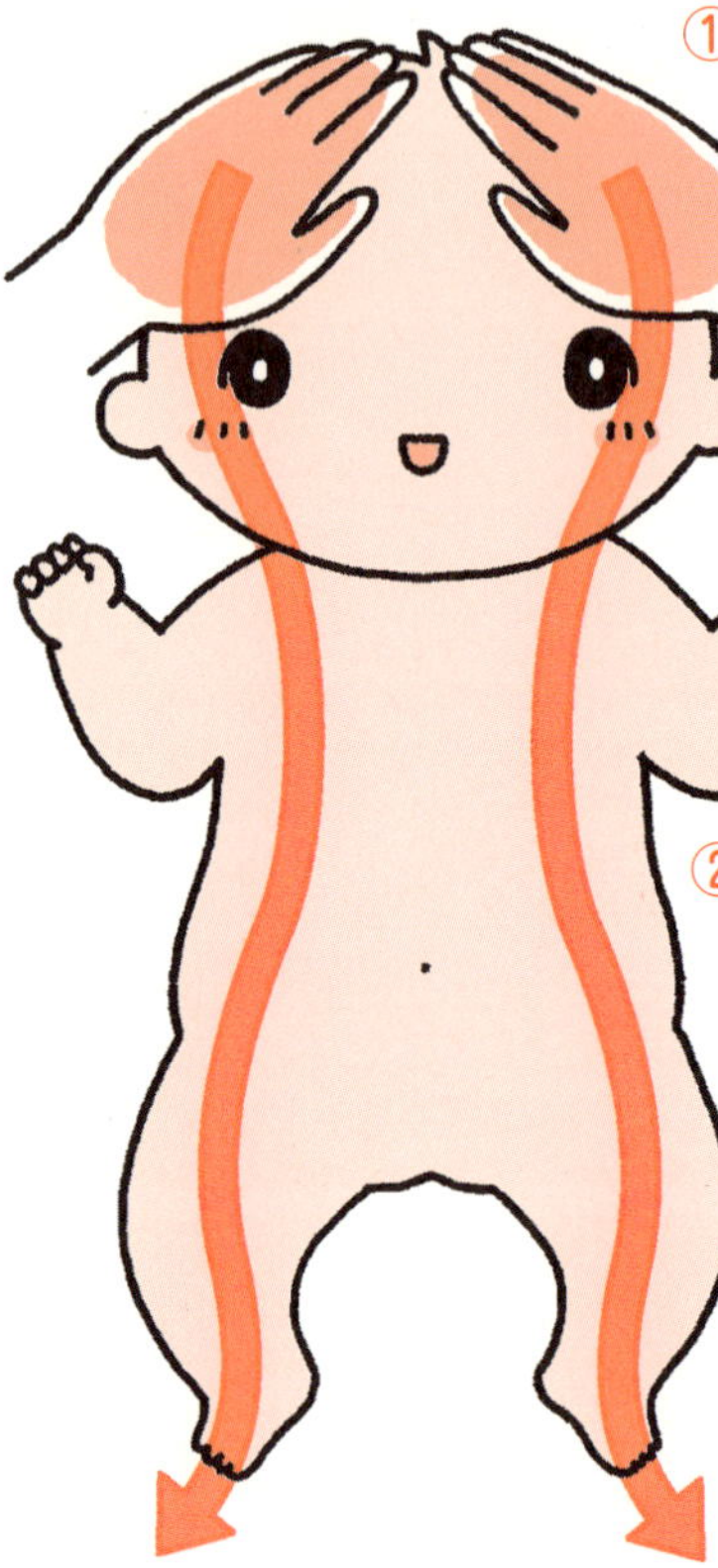
①頭からスタート
②軽いタッチで
手をすべらせる
③つま先まで、
手をすべらせる
2〜3回くり返す

ハローストロークは、マッサージの始まりをつげるストロークのことです。自然な感じでマッサージを始める、大切なストロークです。両手をそろえて、軽いタッチで全身をなでます。

ハローストローク②（側面）

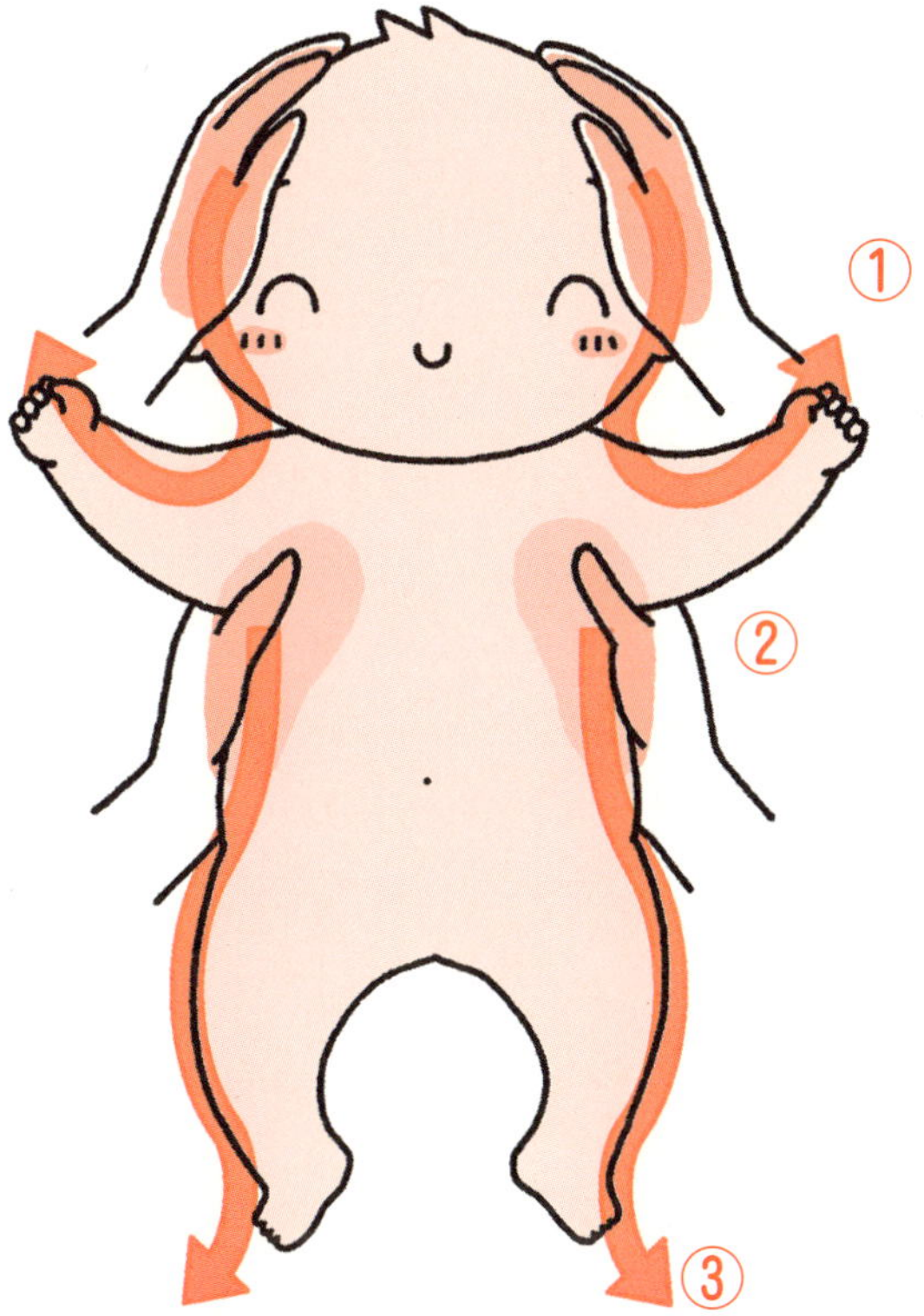

①頭の側面から腕にかけてなでる
②両手をわきの下に入れて、身体の両サイドを流れるようになでる
③両脚、サイド、足のつま先まで抜けるようになでる

脚のマッサージ

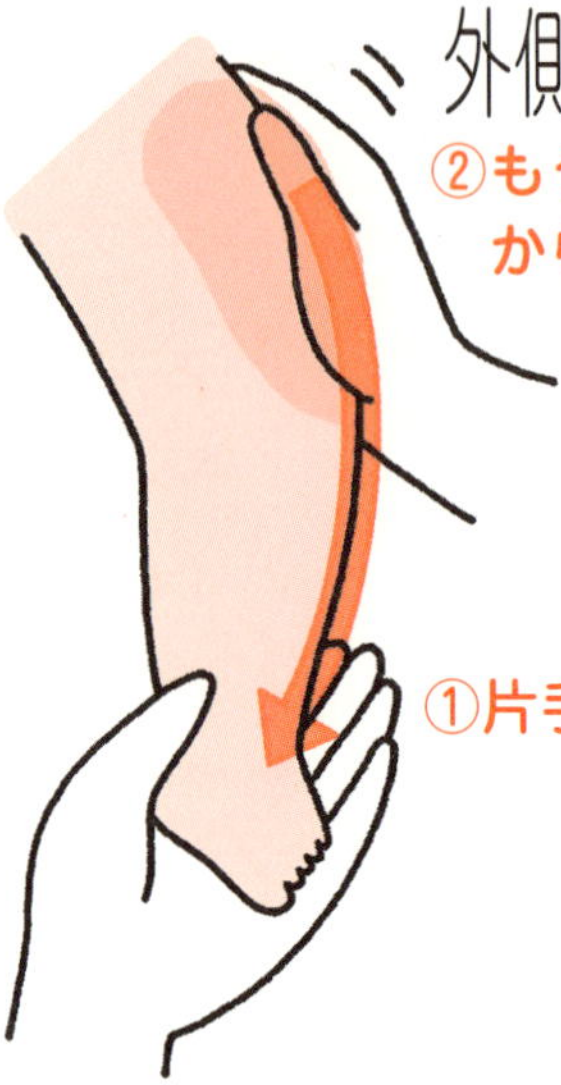
外側
②もう一方の手で足のつけ根
から足首までストローク
①片手でそえる

効果：足腰の筋肉をしなやかにし、
ひざや股関節を柔軟にします。

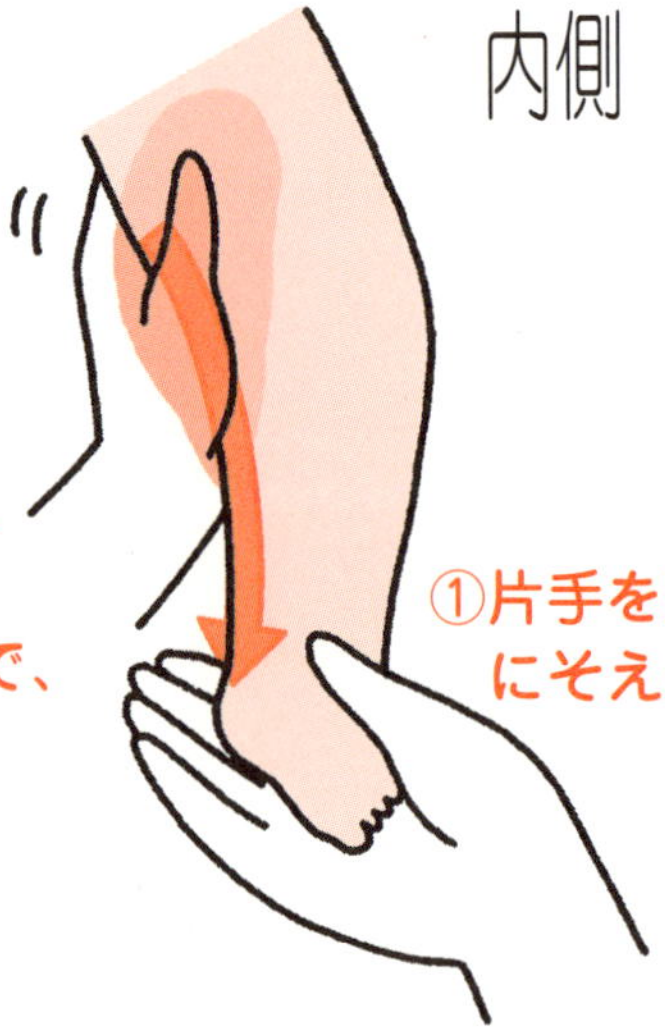
内側
②もう一方の手で、
ももの内側から
かかとの内側まで、
手をすべらせる
①片手を足首
にそえる

脚のマッサージは、（外側）→（内側）→（外側）の順で3〜5回くり返します。

足の裏のマッサージ

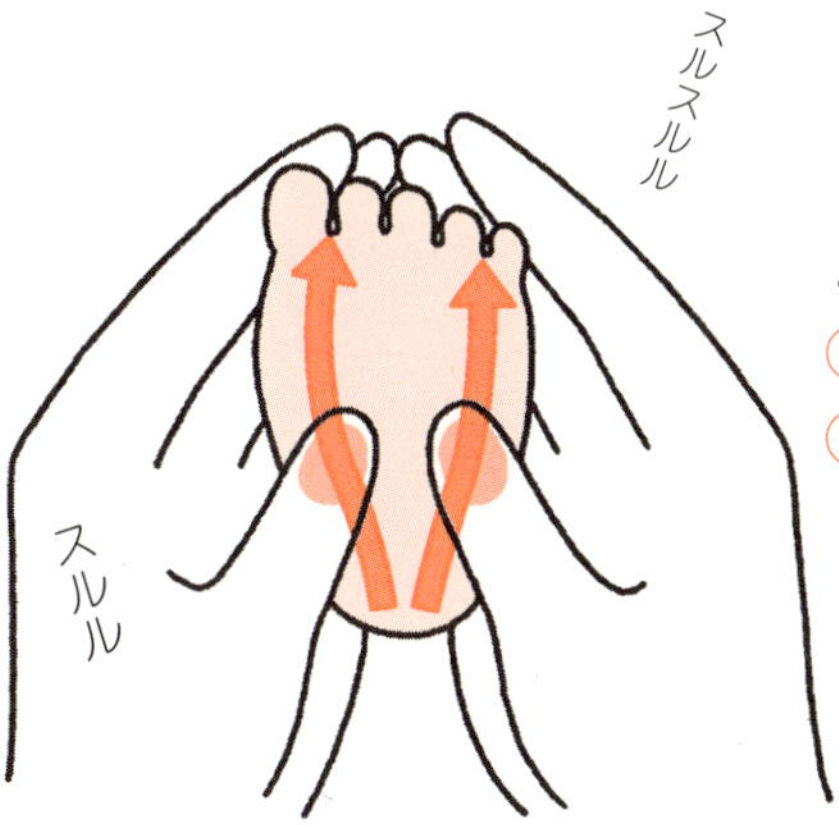

スルスル押し

①両手で足をささえる

②足の裏のかかとから、指のつけ根まで親指のハラで滑らせるようにしてなでつける

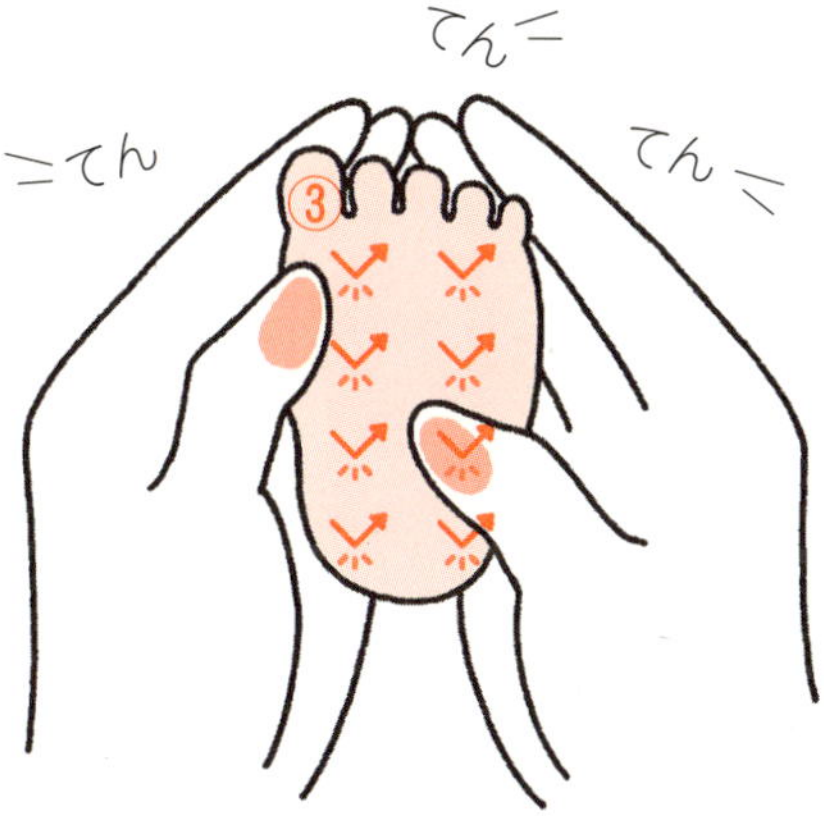

テンテン押し

③足の裏全体を軽く押す

効果：足の裏には全身の神経が集中しているので全身を刺激できます。身体がリラックスし、心が落ちつきます。病気の予防や回復に効果があります。

足の指のマッサージ

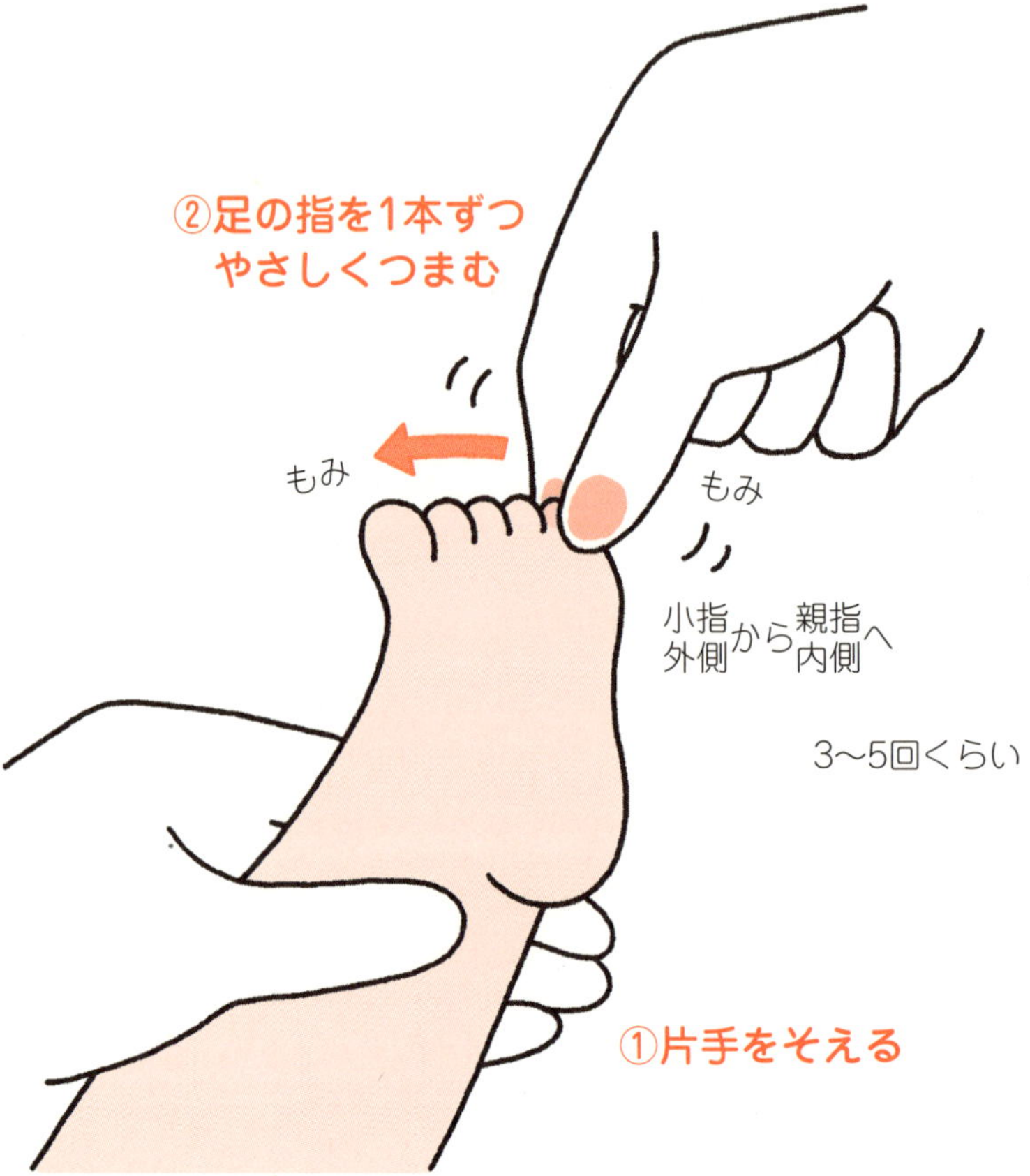
②足の指を1本ずつ
やさしくつまむ
もみ
もみ
小指 外側から親指 内側へ
3〜5回くらい
①片手をそえる

効果：足の指には、運動神経や感覚神経の末梢が集まっています。
ここを刺激すると、脳に直接働きかけることができます。

足の甲のマッサージ

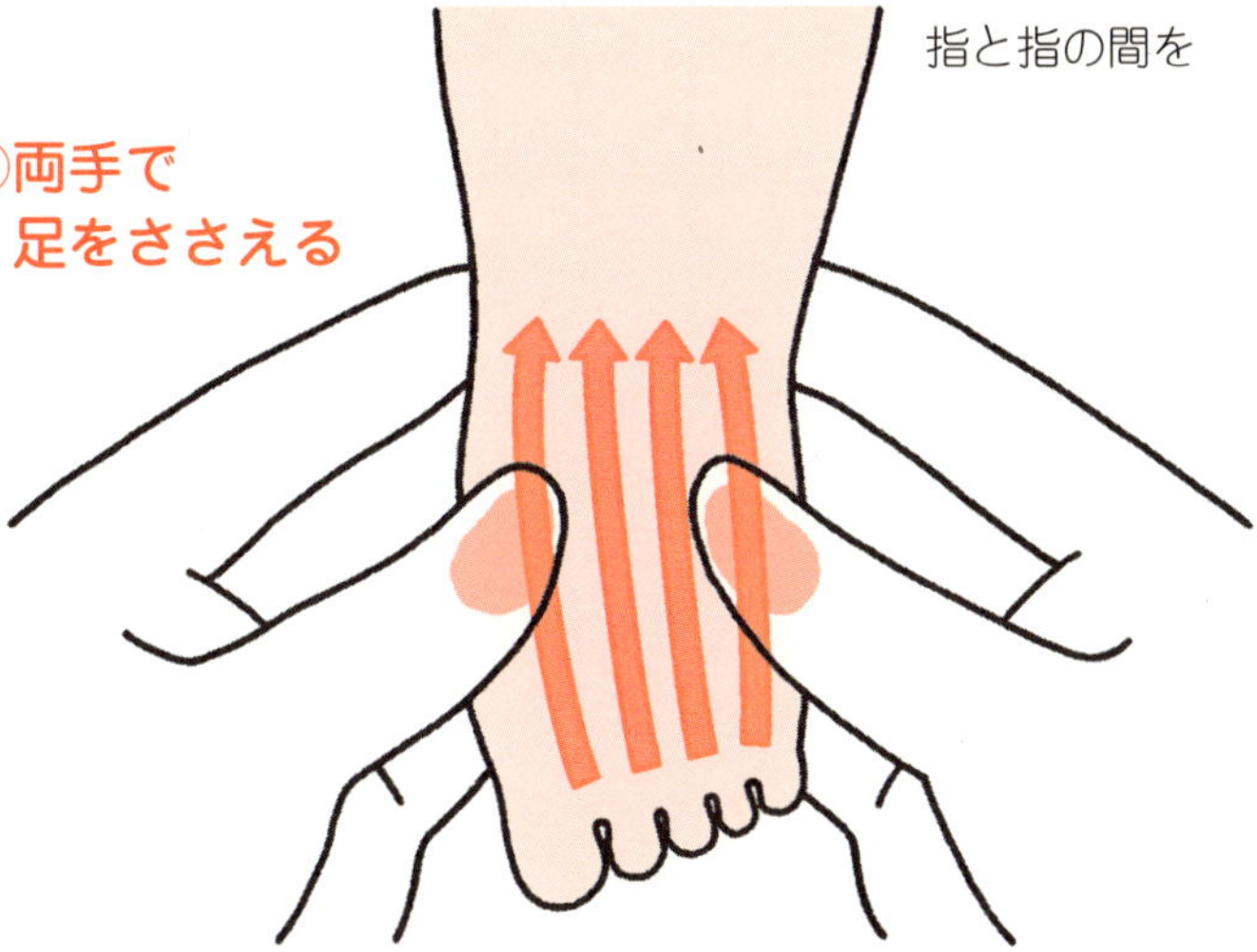
指と指の間を
①両手で
足をささえる
②親指のハラで足の甲を
なでつける

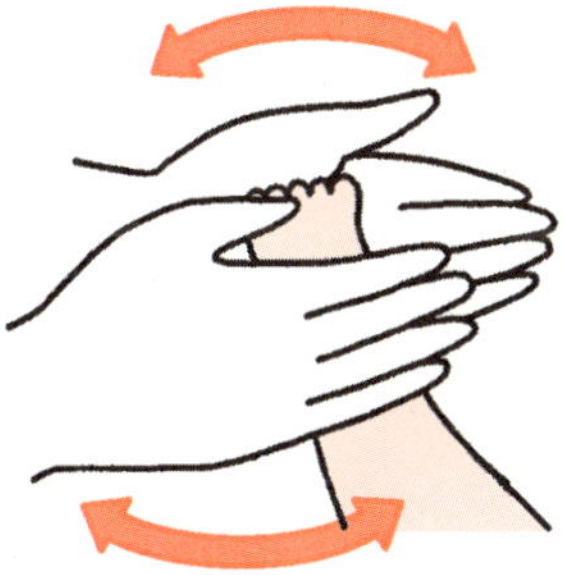
すりすり

小さいうちは、赤ちゃんの足を両手ではさんで、足の裏と甲を交互にマッサージします。

足首の回転運動

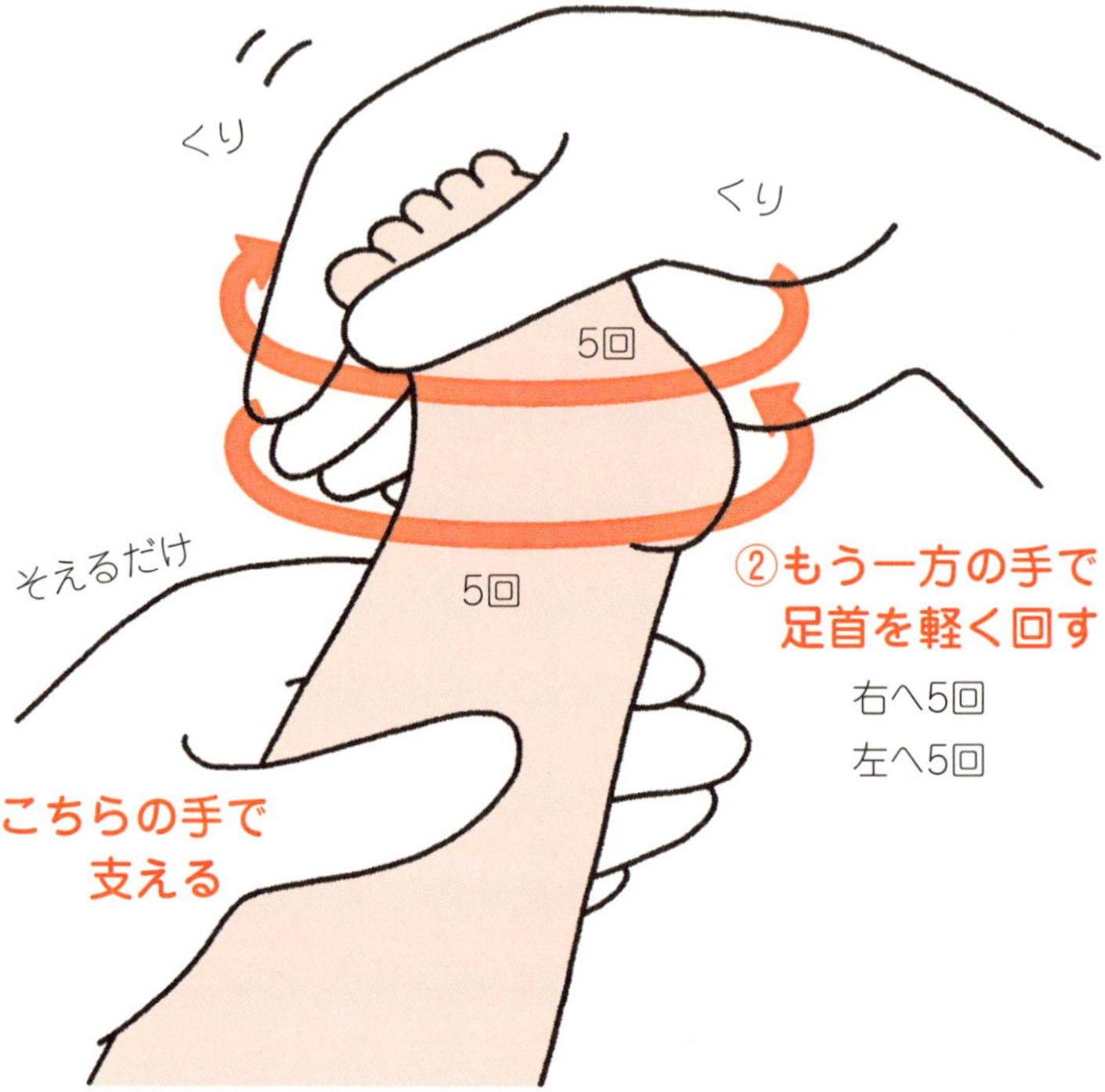

くり
くり
5回
5回
そえるだけ
②もう一方の手で
足首を軽く回す
右へ5回
左へ5回
①こちらの手で
支える

効果：足首を柔らかくして、ハイハイや立っち、歩くなどの発育を助けます。
足は第2の心臓といわれています。足首の回転運動は血液の循環を良くします。

脚のローリング
（こすりあわせ）

①脚を両手ではさんで
軽くなでこする

②太ももから足首にむかって
手を進める

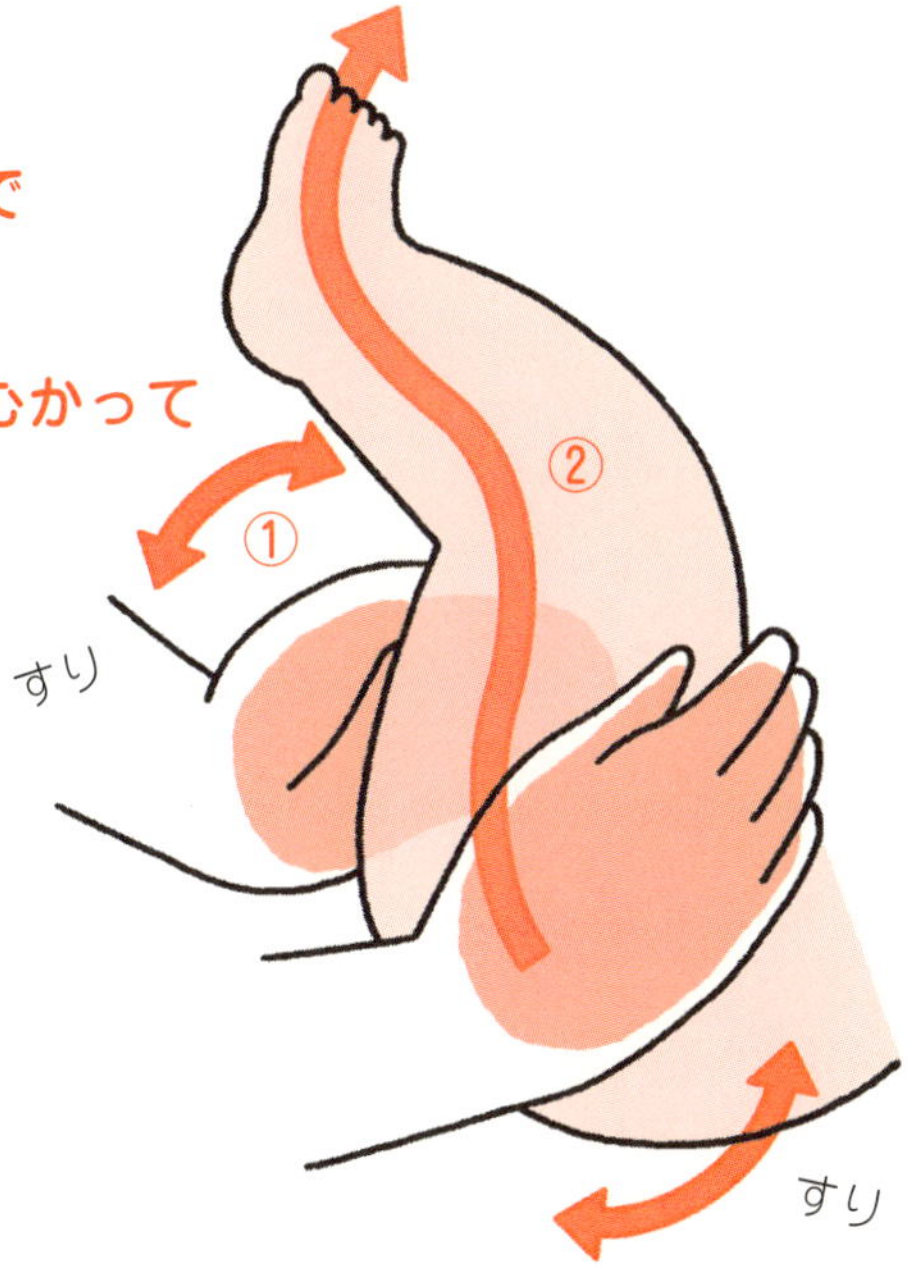

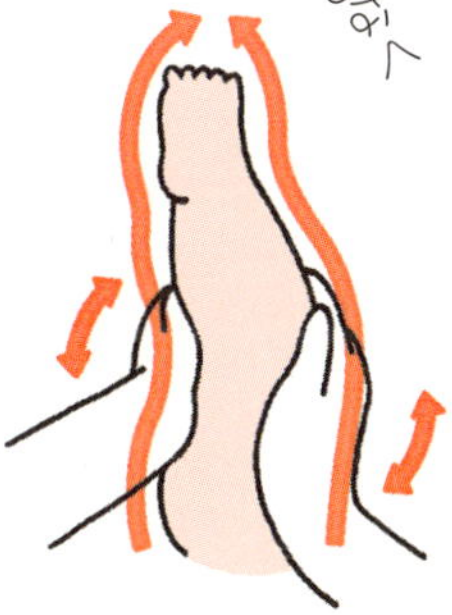

効果：足のつけ根からつま先まで皮膚の表面をまんべんなく刺激します。血行が良くなり、よく眠るようになります。

これで片脚がおわりました。もう一方の脚も同じ要領でマッサージしてください（p.86～91をくり返します）。

両脚のストレッチ

①両手で赤ちゃんの太ももを軽くにぎって、そのまま
つま先まですべらせる

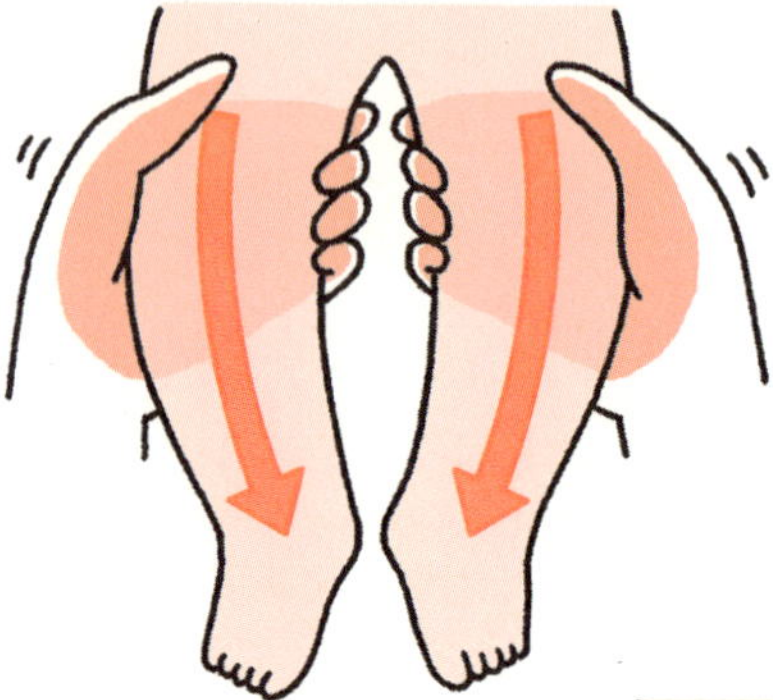

②手が足首まできたら、
そのまま軽く赤ちゃんの
両脚をストレッチする

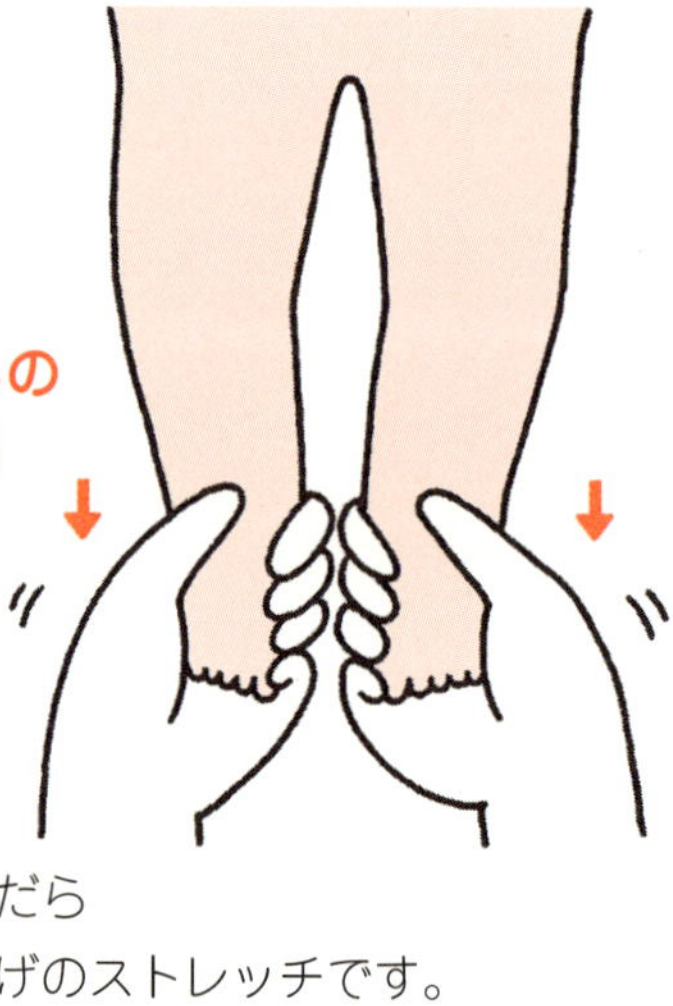

注：片脚ずつのマッサージが済んだら
両足を整えてあげます。しあげのストレッチです。

お腹のはさみもみ

①わきの下をはさむように手を入れて
②そのままわきをすべらせ
③お腹の所ではさむようにする

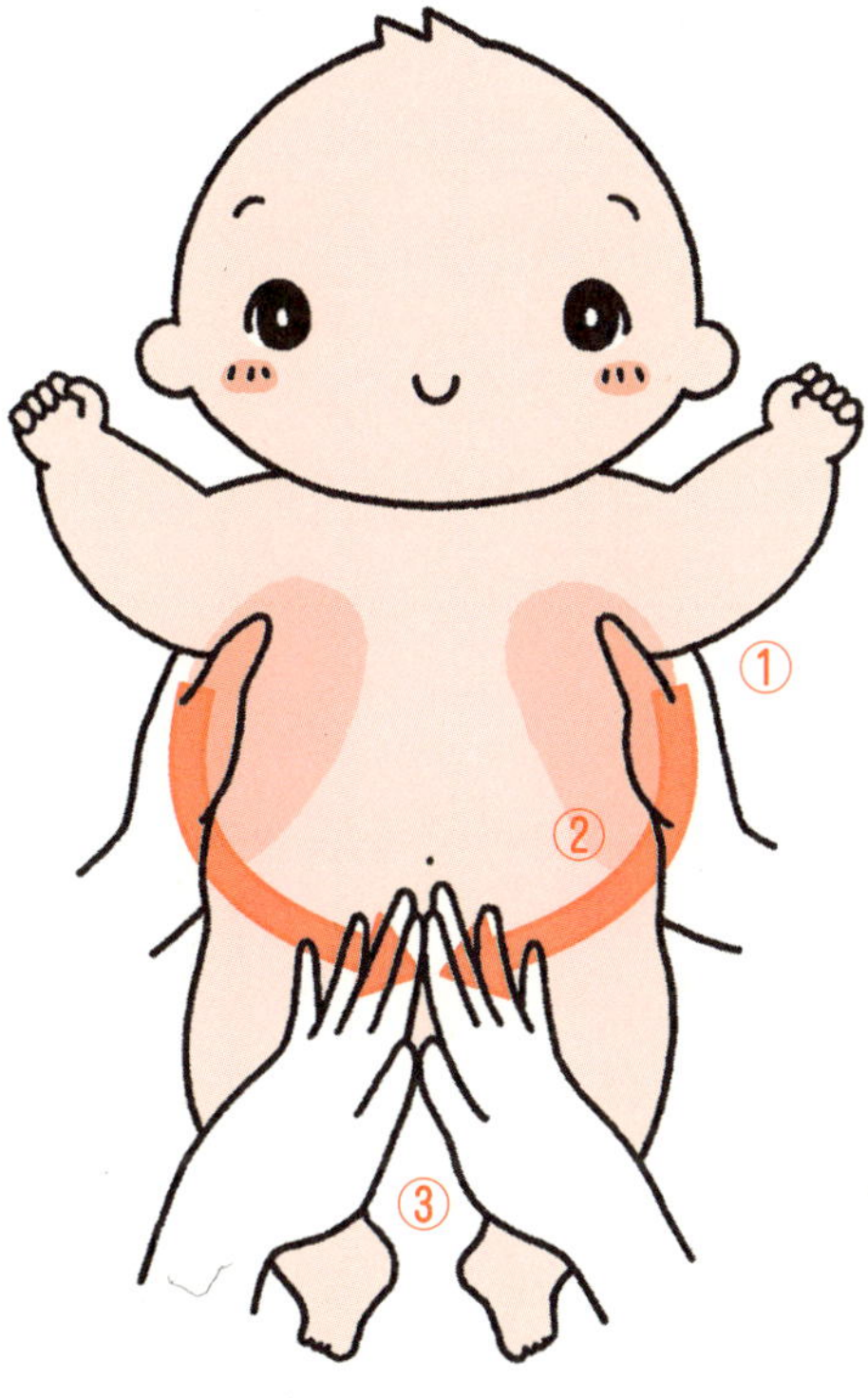

効果：身体の側面にある内臓を刺激します。
内臓を間接的にマッサージして消化、排泄や解毒を助けます。
免疫力、抵抗力を高めます。

お腹のゆらゆらマッサージ

①おへそのわきのやわらかい所に手をそえる
②左右にユラユラとゆらす

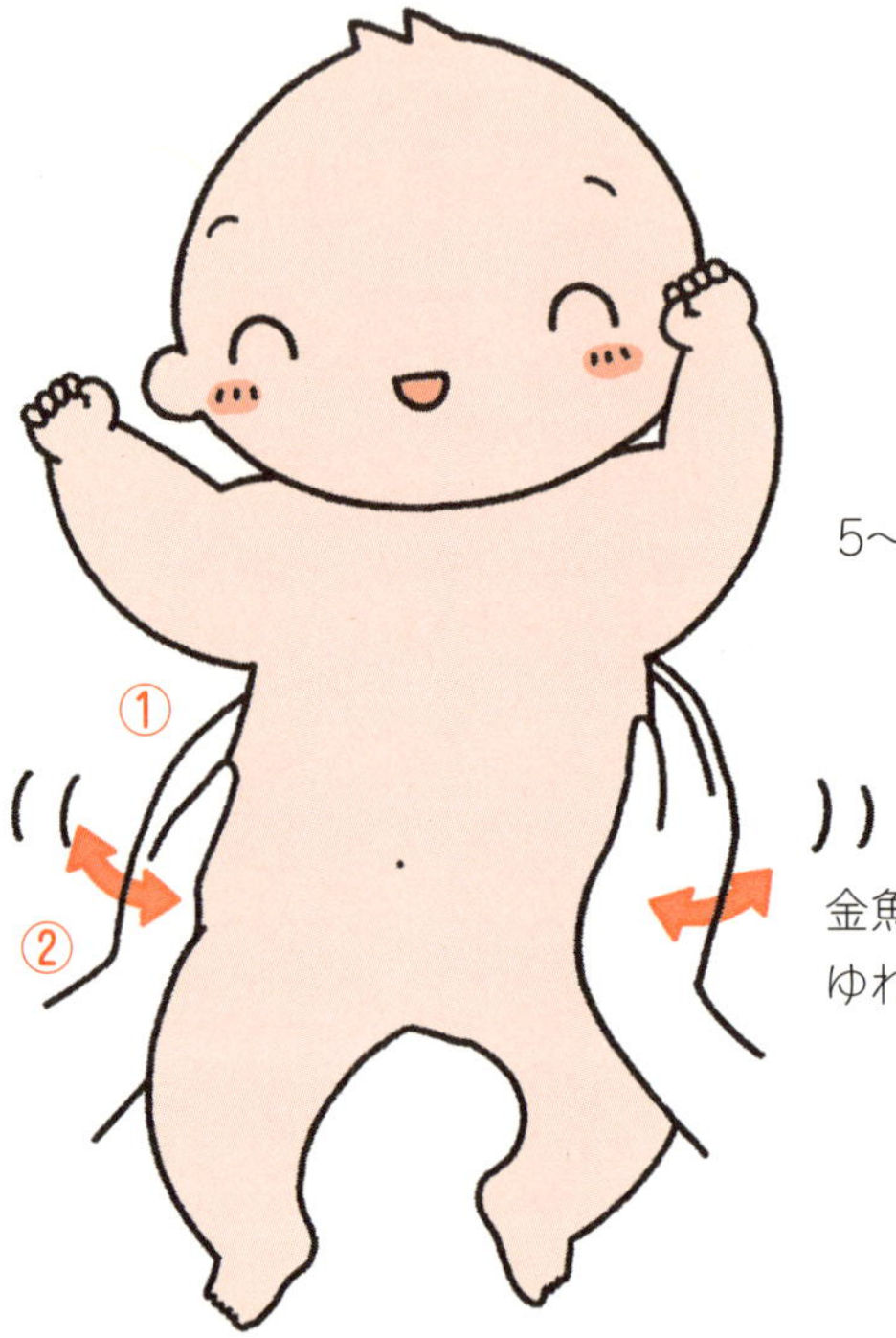

効果：お腹をゆらして、内臓を間接的にマッサージします。
消化器、排泄器の働きがよくなって、お腹が丈夫になります。
胃腸のぜん動運動をやさしく刺激するので、胃腸の調子がよくなります。
便秘やお腹にガスがたまったときにやるといいでしょう。

お腹のストローク ①

〈小さな赤ちゃんやまだマッサージに慣れないとき〉

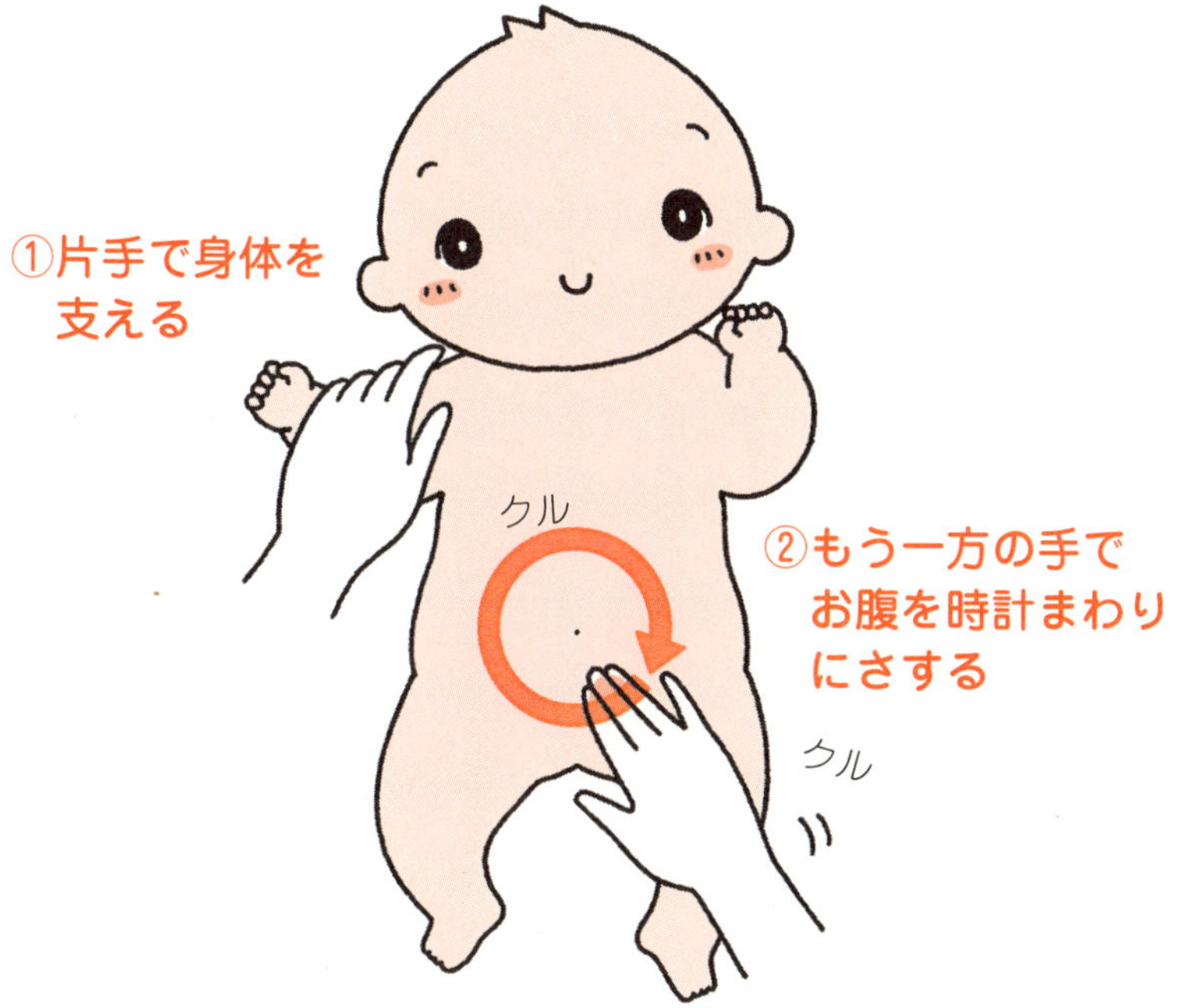
①片手で身体を
支える
クル
②もう一方の手で
お腹を時計まわり
にさする
クル

効果：お腹へのマッサージは、胃腸の働きをスムーズにして便秘を解消します。

ゲップや吐乳のときにやってあげると、赤ちゃんの不快感が軽減します。

眠りが深くなり、夜泣きをしなくなります。

注：お腹のマッサージは、とくにやさしくやってください。

おへそには、ふれないように気をつけます。

お腹のストローク ②

〈大きな赤ちゃんの場合〉

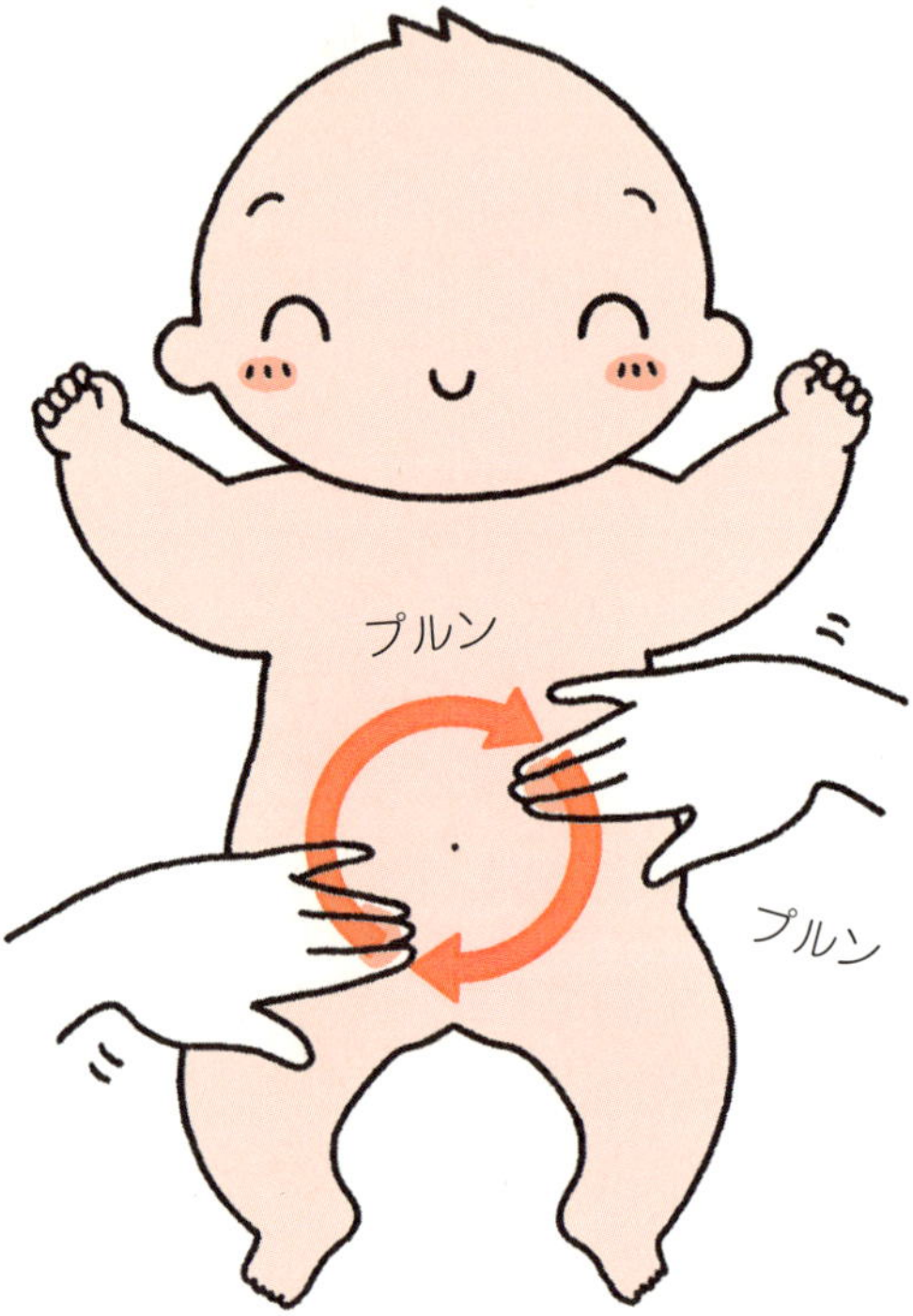

左右の手を交互に時計まわりに動かす

注：フェイシャル・エステのように軽いタッチで。

胸を開くマッサージ①

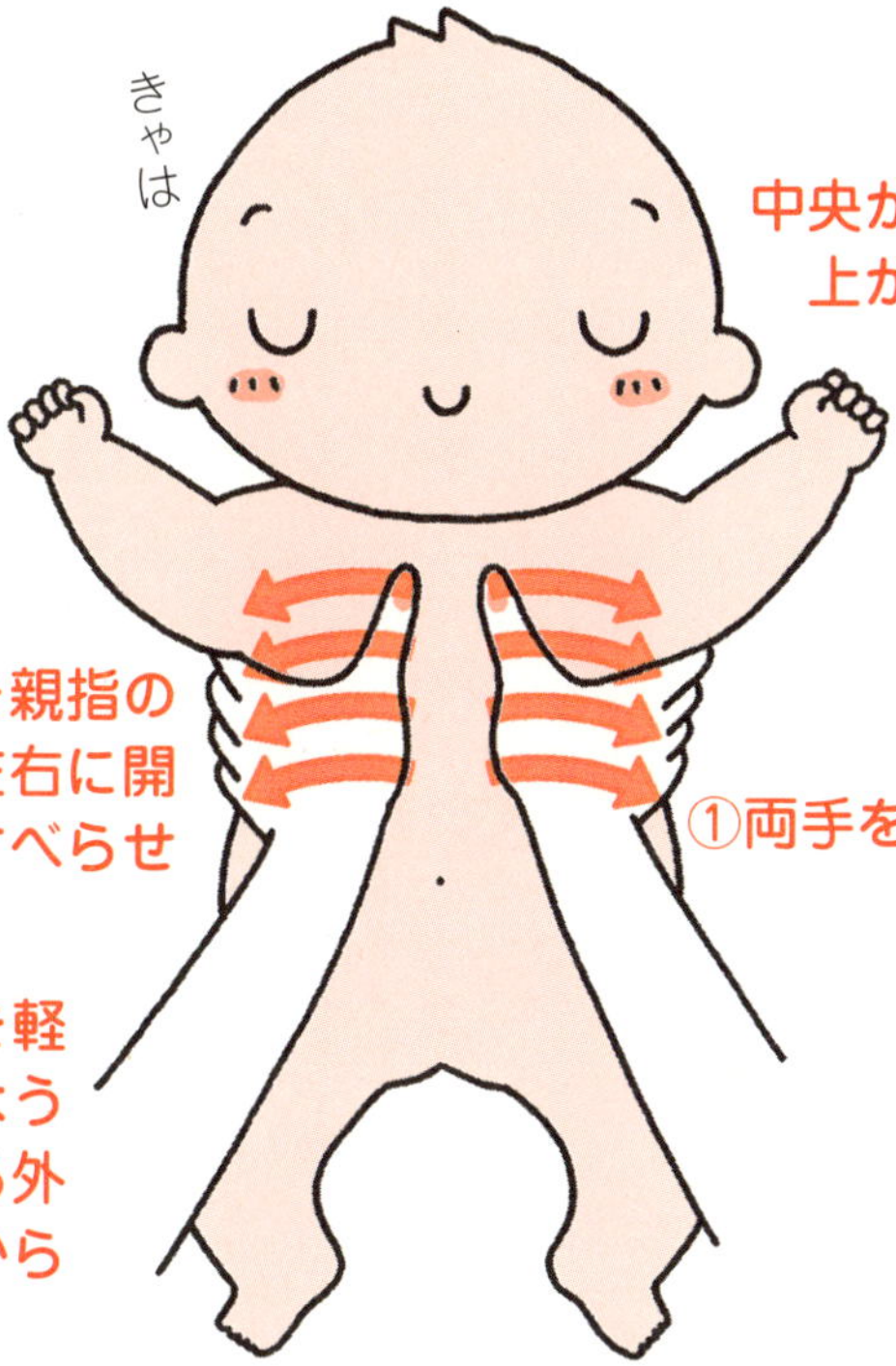
きゃは
中央から外側へ
上から下へ
②肋骨の間を親指のハラで、左右に開くようにすべらせる
①両手を脇に入れる
③肋骨の間を軽くなぞるように中央から外側へ、上から下へ

効果：胸を開くマッサージは、赤ちゃんの呼吸を深め、情緒を安定させます。
眠りが深くなり、元気になります。
胸腺を刺激して、免疫力を高めます。

注：小さい子は、親指のハラで左右に開くように。
大きい子は、4本指で左右に開くように。

●●胸を開くマッサージ②（ハートストローク）●●

①胸の中央から始める
②両手でハートを描くようにして
胸全体をマッサージする
③3～5回行う

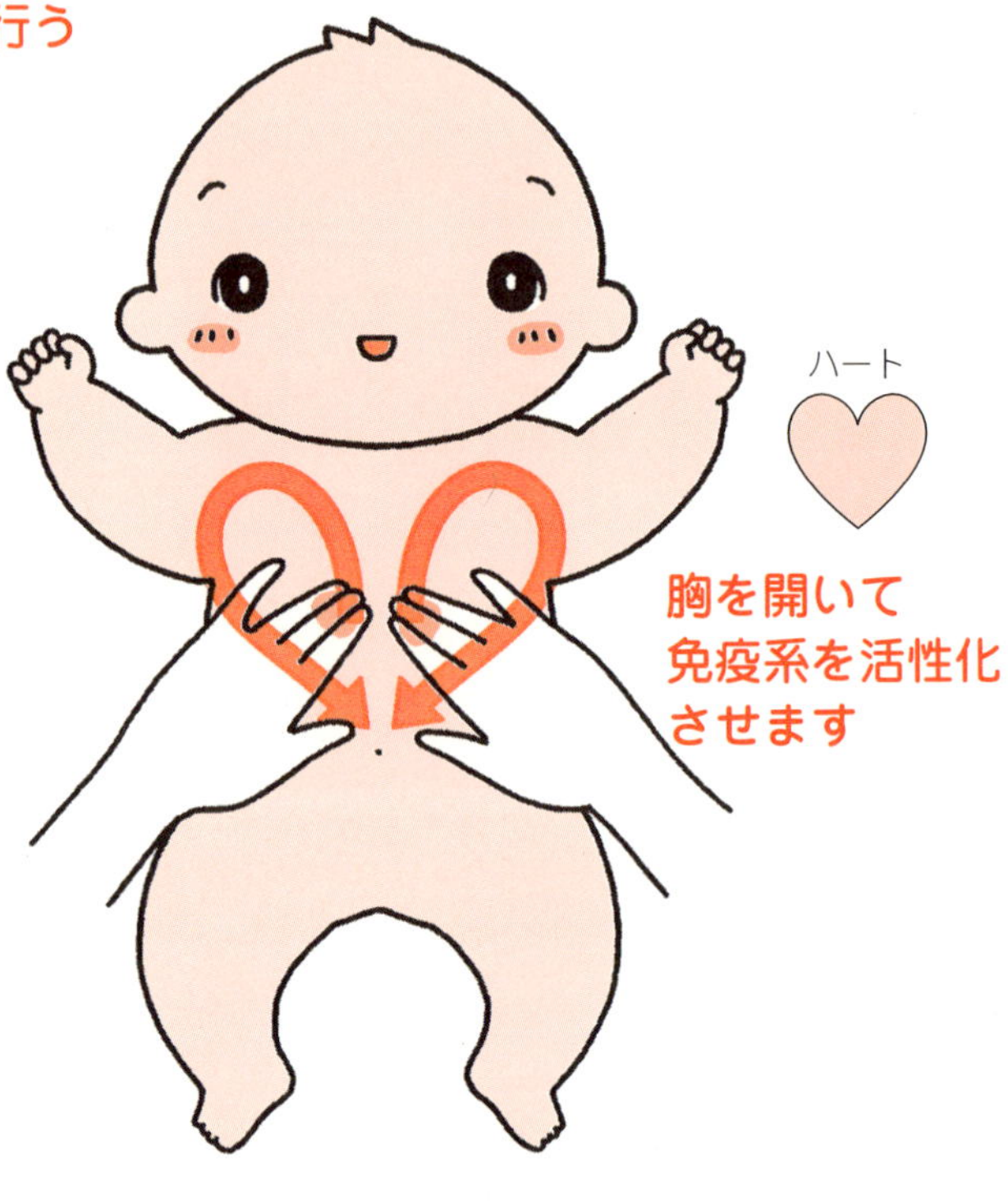

小さな子の場合は、2～3本の指のハラでやります。
大きな子には、手のひら全体を使ってやります。

腕のストローク

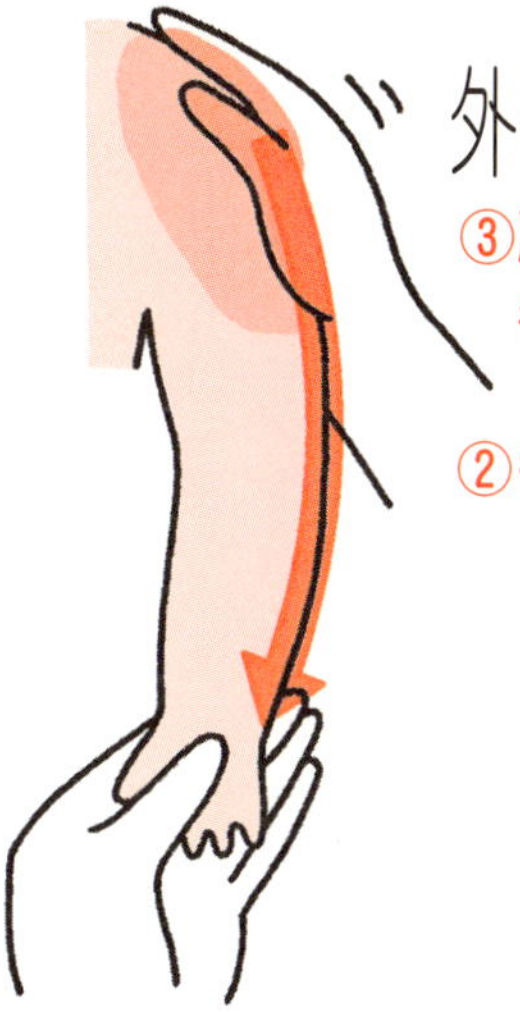
外側
③肩のあたりから、
手首にかけてストローク
②もう一方の手でストローク
①片手をそえる

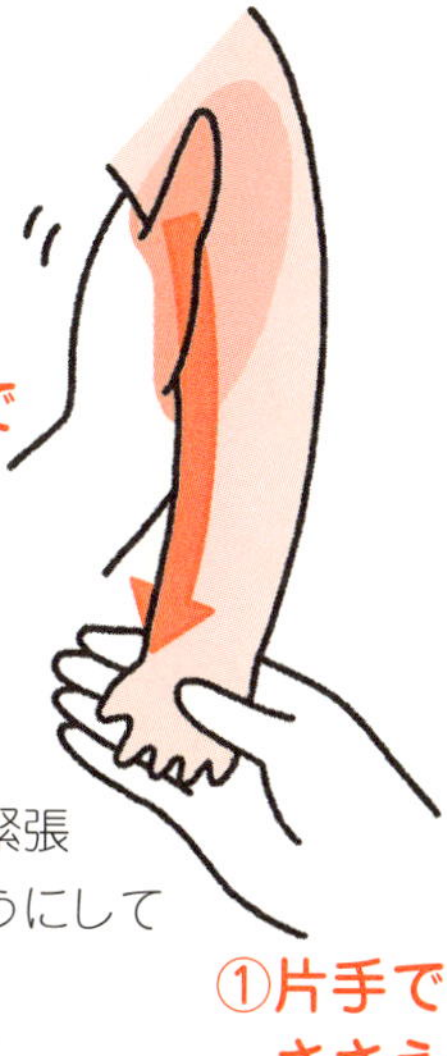
内側
③わきの内側から
手首にかけて指を
すべらせる
②もう片方の手で
ストローク
①片手で手首を
ささえる

効果：赤ちゃん（新生児期）の腕は、筋肉にまだ強い緊張が残っています。
腕をやさしくマッサージして、この緊張をときほぐし、自由に手を使えるようにしてあげましょう。

腕のストローク

新生児、未熟児など小さな赤ちゃんの腕の場合

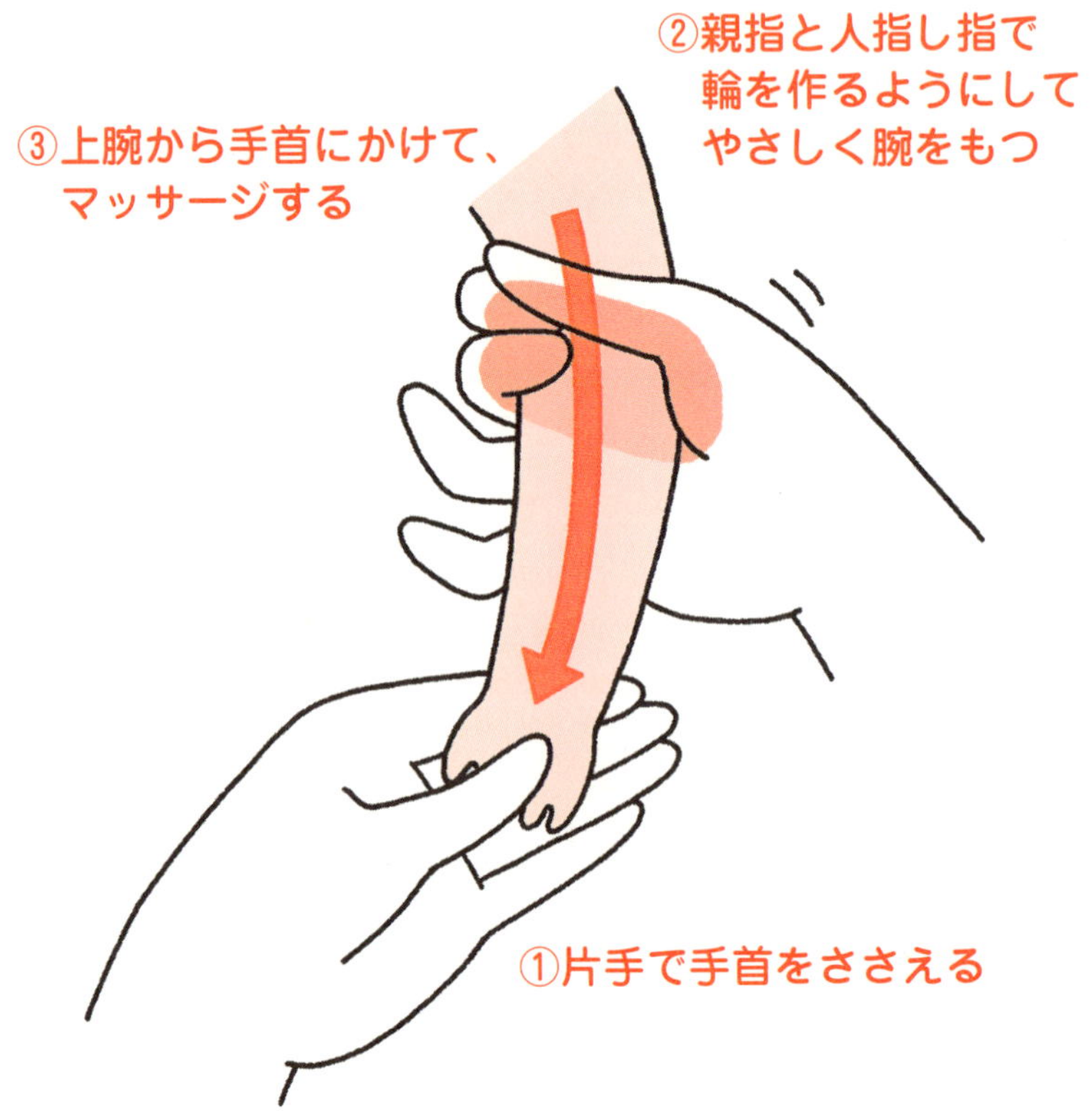

②親指と人指し指で
輪を作るようにして
やさしく腕をもつ
③上腕から手首にかけて、
マッサージする
①片手で手首をささえる

手のひらマッサージ

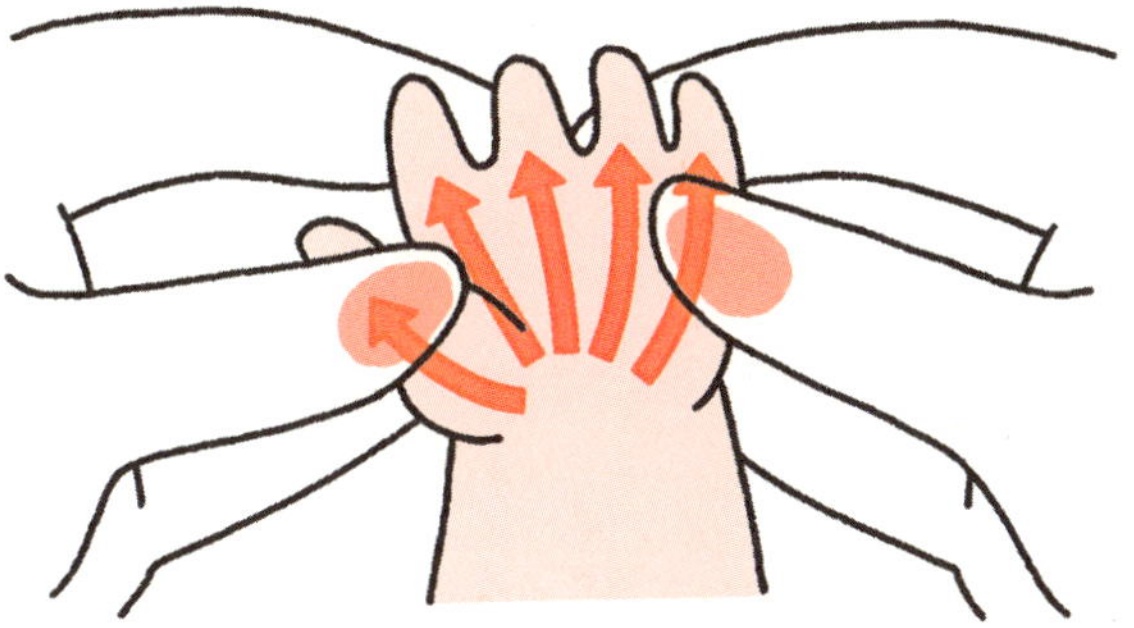

①両手で赤ちゃんの手をもち、親指で、
赤ちゃんの手のひら全体をやさしくなでつける

②次いで、親指で手のひらをテンテン押す

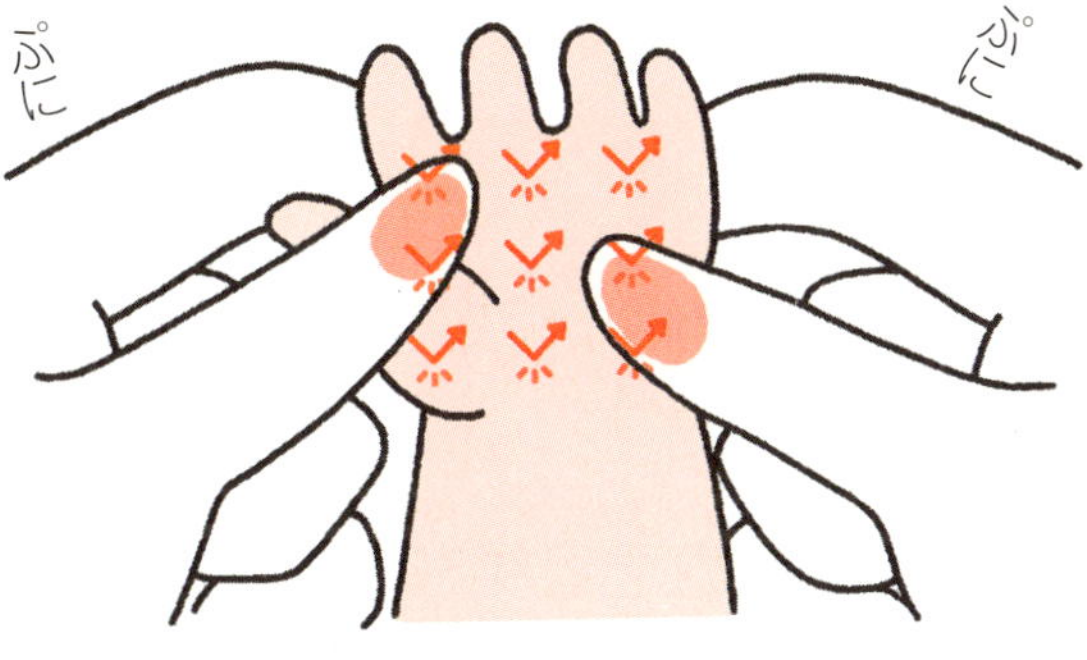

効果：東洋医学では、「赤ちゃんの手は健康のバロメーター」といわれるように全身のツボが両手に集まっています。
神経がもっとも集中しているところなので、手を柔らかくすると頭も柔らかくなります。
「手は第2の脳」ともいわれています。

手の指と甲のマッサージ

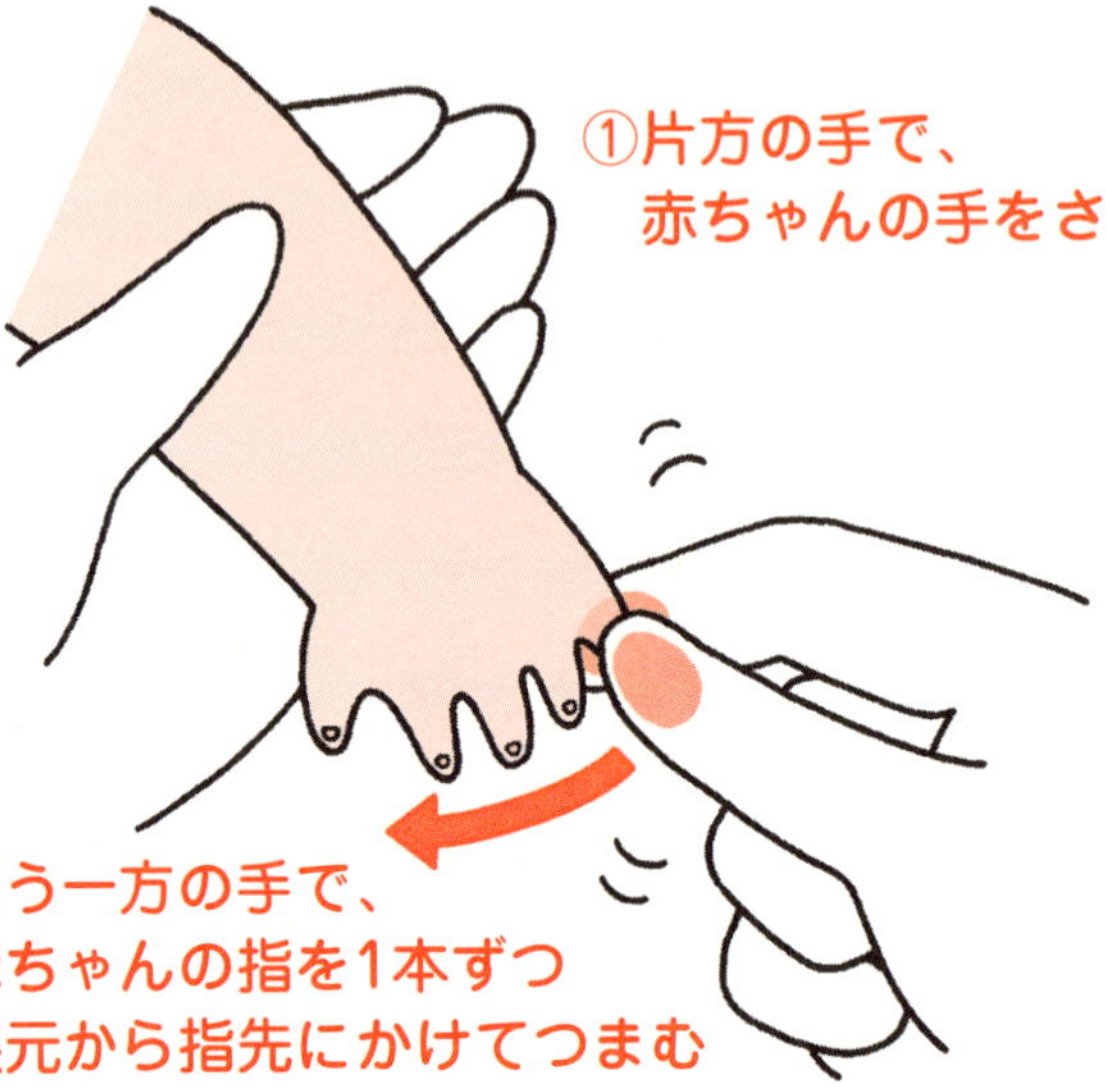
①片方の手で、
赤ちゃんの手をささえる
②もう一方の手で、
赤ちゃんの指を1本ずつ
根元から指先にかけてつまむ

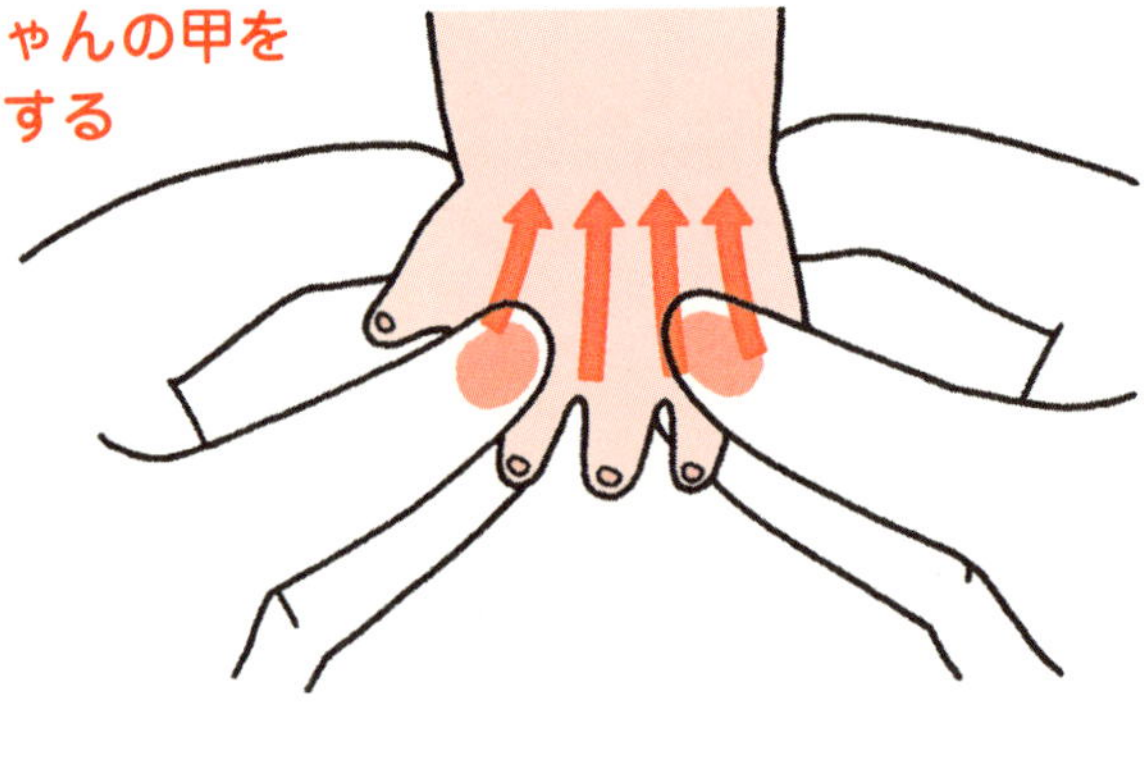
③両手で赤ちゃんの手をささえて
親指で赤ちゃんの甲を
マッサージする

手首の回転運動

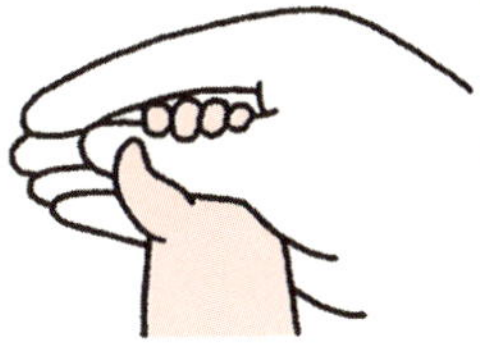
②もう一方の手で、
赤ちゃんの手の指を軽くつかむ

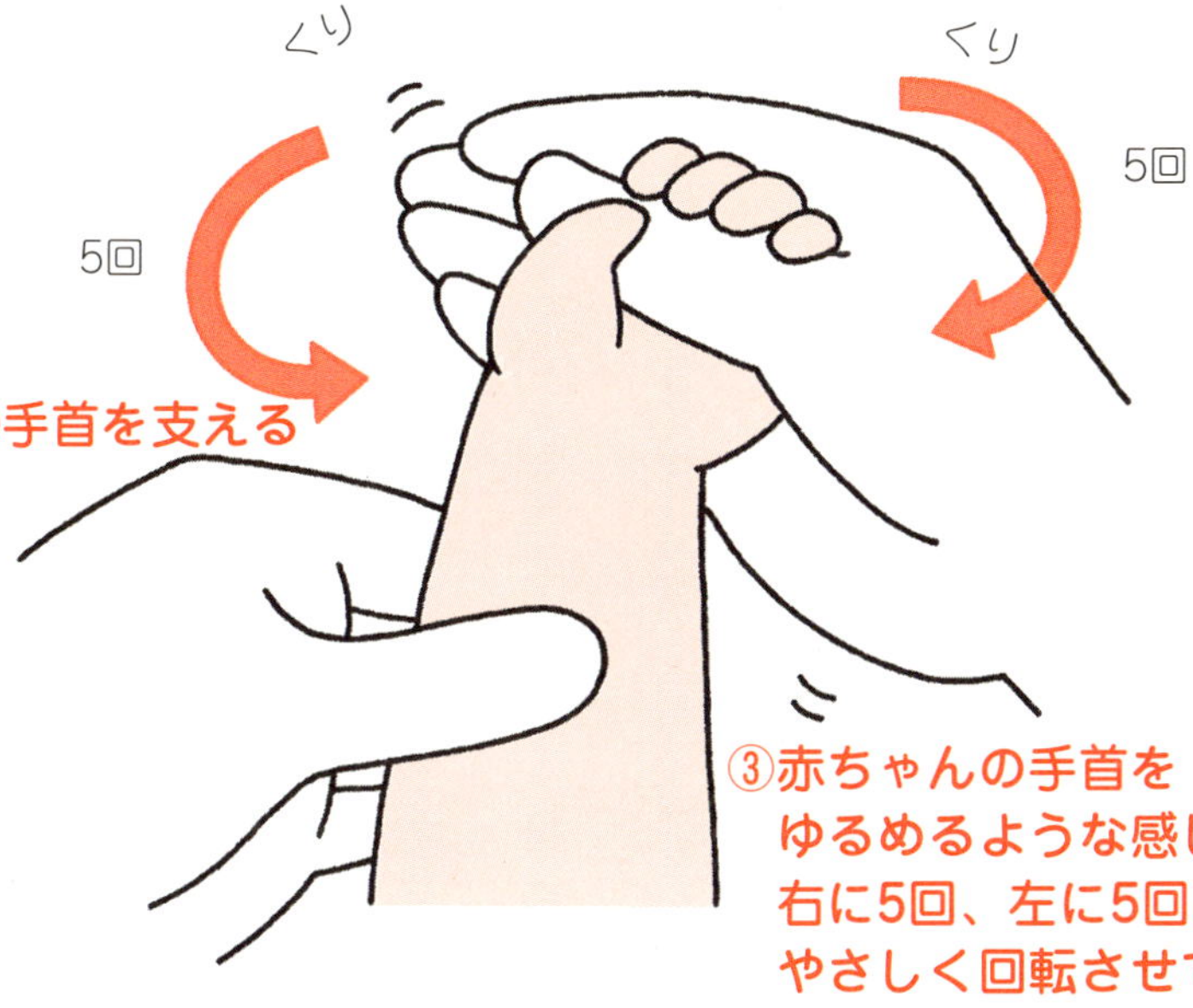
くり
くり
5回
5回
①手首を支える
③赤ちゃんの手首を
ゆるめるような感じで
右に5回、左に5回
やさしく回転させて
あげる

効果：手首をやわらかくすると頭が良くなります。
手首がやわらかいと、手や指先の細かな動作ができるようになります。

腕のローリング

（こすりあわせ）

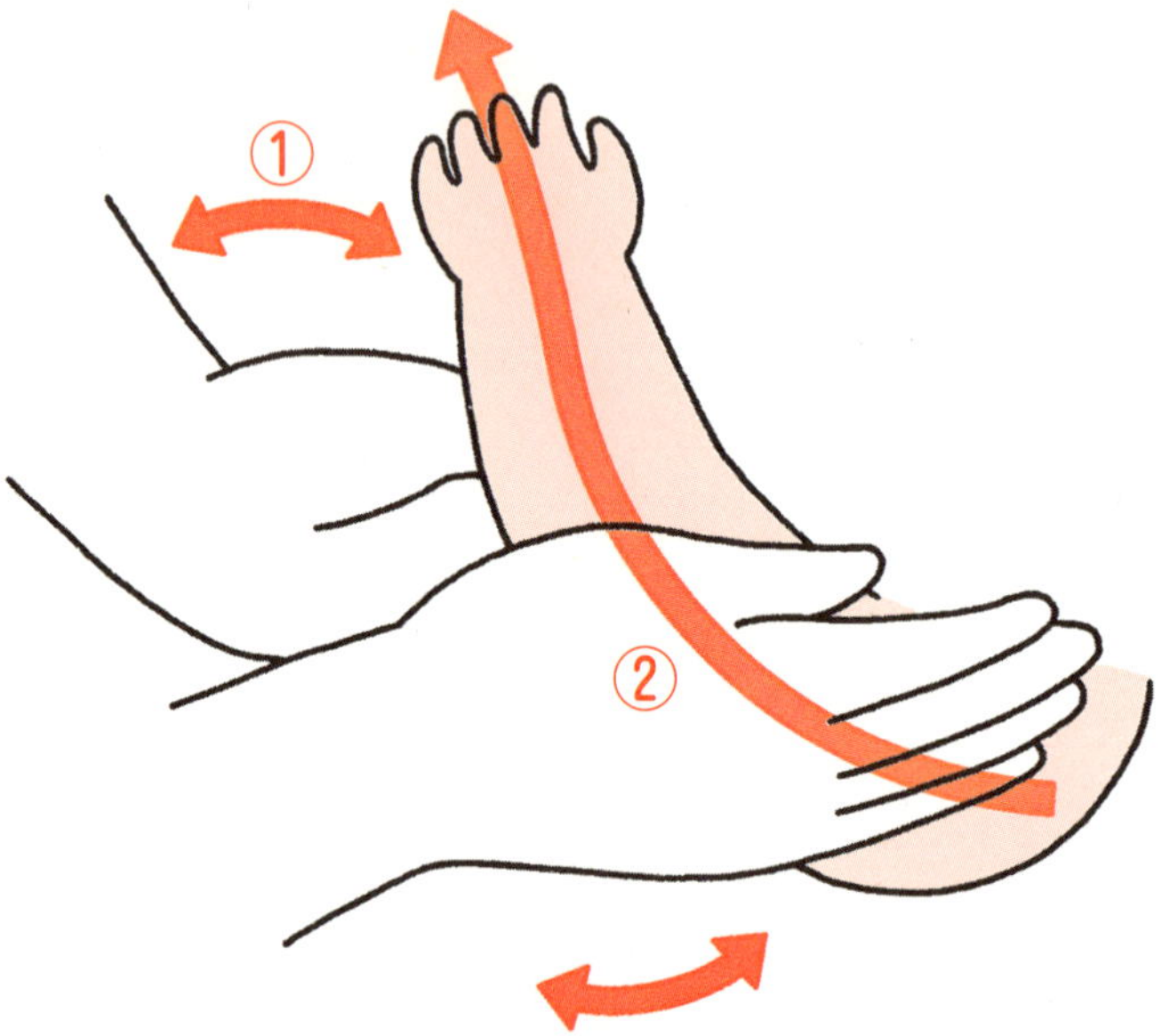

①腕を両手ではさみこんで、軽くなでこする
②腕のつけ根から手の先、指先まで

効果：腕の皮膚全体をまんべんなく刺激して血行をよくします。

これで片腕がおわりました。もう一方の腕も同じ要領でマッサージしてください（p.99〜104をくり返します）。

顔のマッサージ ①
（ひたい、こめかみ、目のまわりまで）

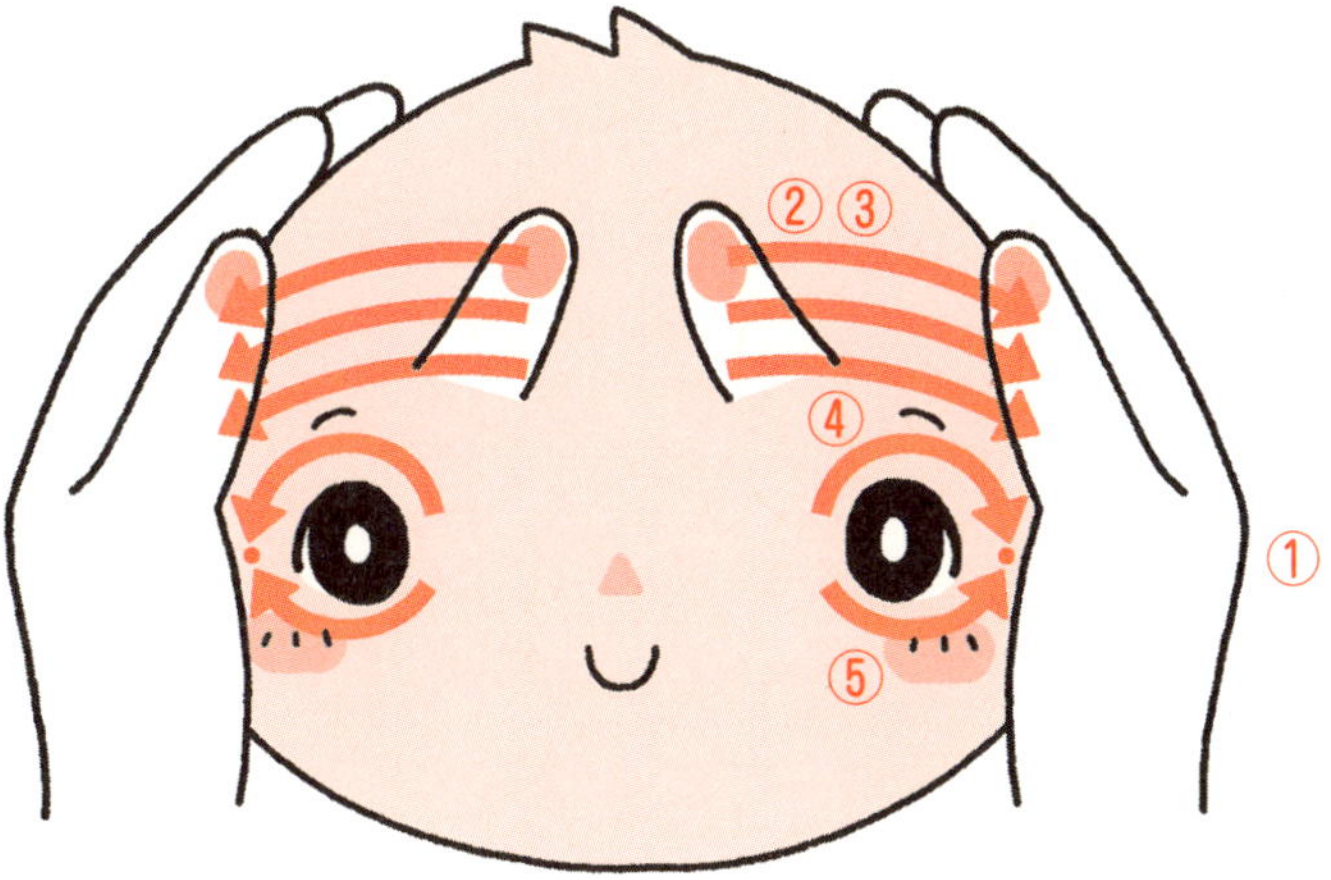

①両手で赤ちゃんの顔を包みこむようにもつ
②両手の親指のハラを使って、中央から外側へ向かってすべらせる
③髪のはえ際にそって、こめかみに向かってカーブを描くようにすべらせる
④眉にそって目の上をこめかみまで
⑤目の下を骨のくぼみにそってこめかみまで

効果：ひたいから目のまわり、こめかみをやわらげる、赤ちゃん向けのフェイシャル・マッサージです。ひたいは、生まれるときの産道の圧迫で、バーストラウマが残りやすいところです。

ひたいが緊張していると、表情もかたくなります。

よくマッサージしてあげると、別人のようにかわいくなります。

顔のマッサージ ②

（ほおから、あご）

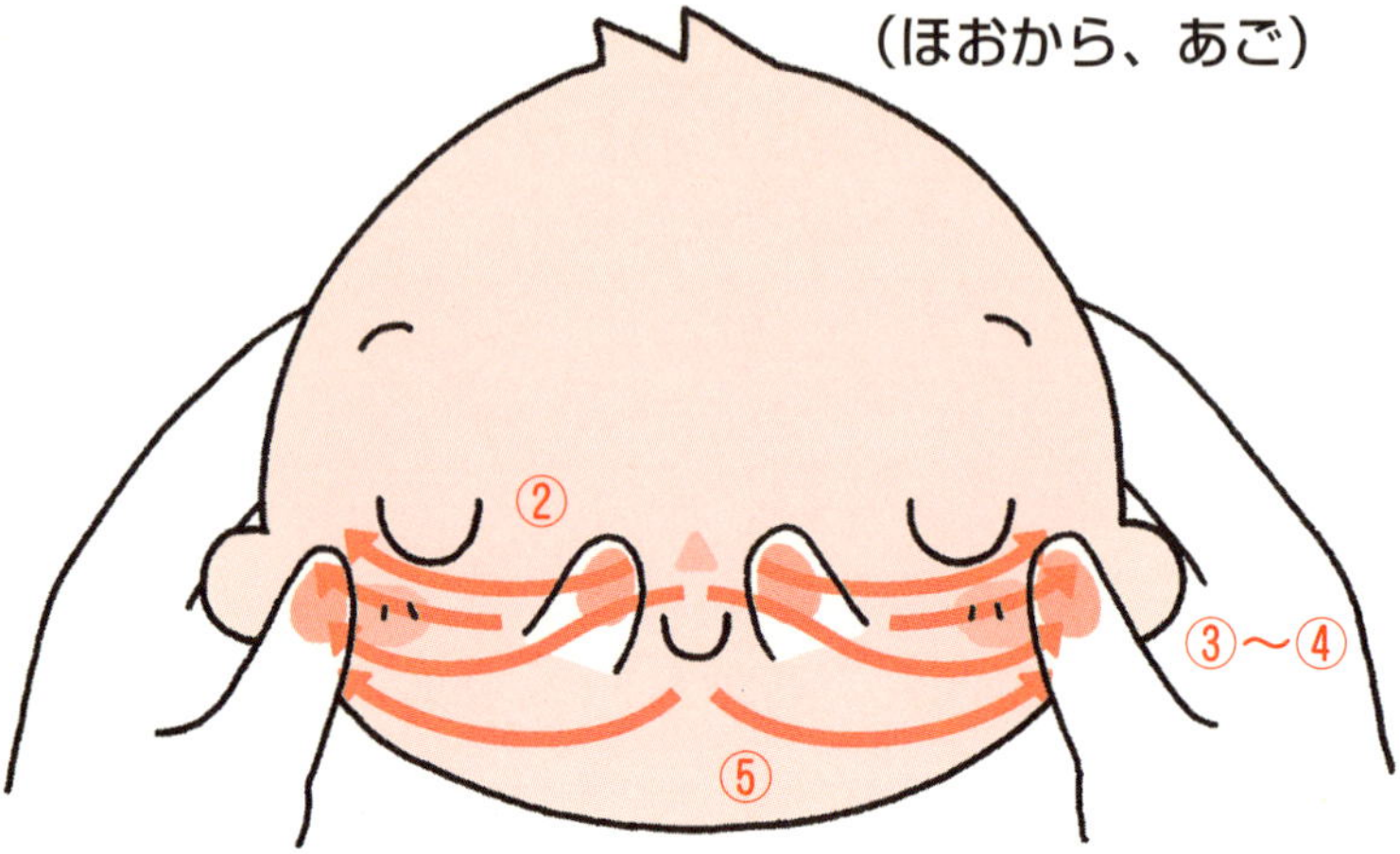

①両手であごをささえる
②両手の親指で、目の下の骨にそってなでる
③ほおから耳の方へ
④鼻の脇からほお骨にそって口の上、耳の下へ
⑤口の下からあごにかけて
⑥耳の下からあごにかけて顔の脇のフェイスラインにそって、軽くつまんでいく

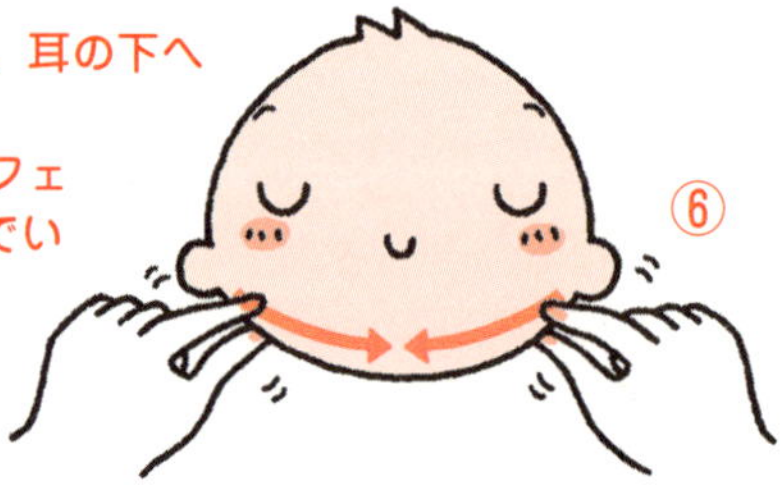

効果：鼻からほお、口、あごにかけての顔のマッサージは、鼻の通りをよくし、呼吸を助けます。
ほおや口のまわりをよくマッサージしておくと、歯が生えるときのむずがゆさを軽くします。
顔は、大脳の運動野、感覚野の広い部位をしめています。顔の緊張がゆるむと、脳の働きも活発になり、よく笑うようになります。

耳のマッサージ

耳は身体のバランスと密接に関係している大切な器官です。赤ちゃんのお耳をやわらか〜くマッサージして、リラックスさせてあげましょう！

①くるくるもみ

親指と人さし指で優しくすべらせるようにマッサージ

②つんつんもみ

親指と人さし指で軽くひっぱるようにマッサージ

注：慣れないうちは、片手で赤ちゃんの頭をささえて、もう一方の手でマッサージします。
慣れてきたら、両耳いっぺんに行います。

頭のマッサージ ①
（前頭部から頭頂部）

①両手で、赤ちゃんの頭をささえる

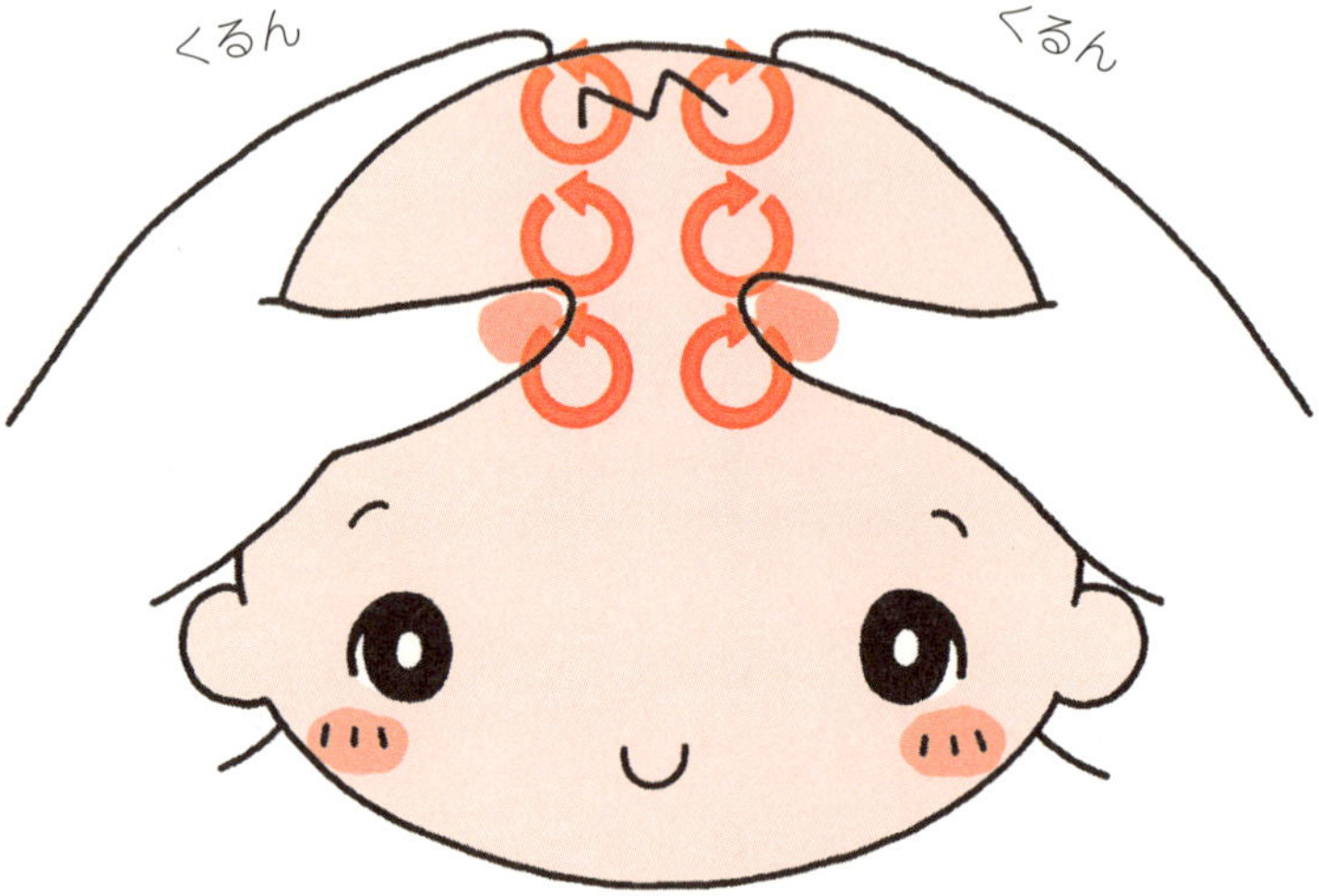

②親指を使って、赤ちゃんの頭皮をマッサージ
③前から後ろへ、中央から外側へとまんべんなくマッサージする

効果：脳の発育にしたがって、頭は急速に大きくなっていきます。
　　　頭皮のマッサージで、脳の発育を助けます。

注：大泉門や小泉門など、頭部のやわらかい部分にはふれないように気をつけてください。

頭のマッサージ②
（後頭部から首へ）

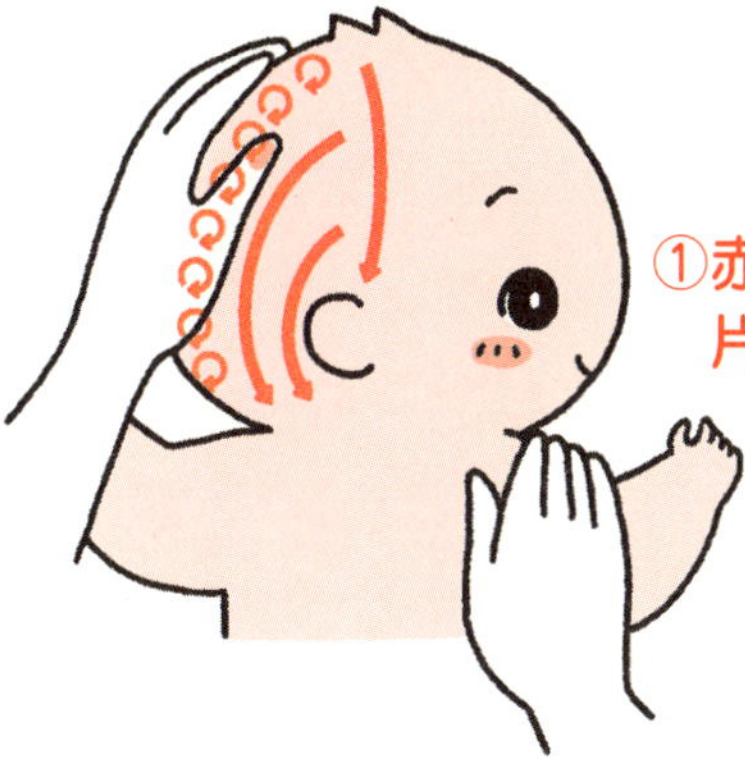

①赤ちゃんをうつぶせにねかせて、片側ずつ行う

前から後ろにかけて
まん中からサイドへ

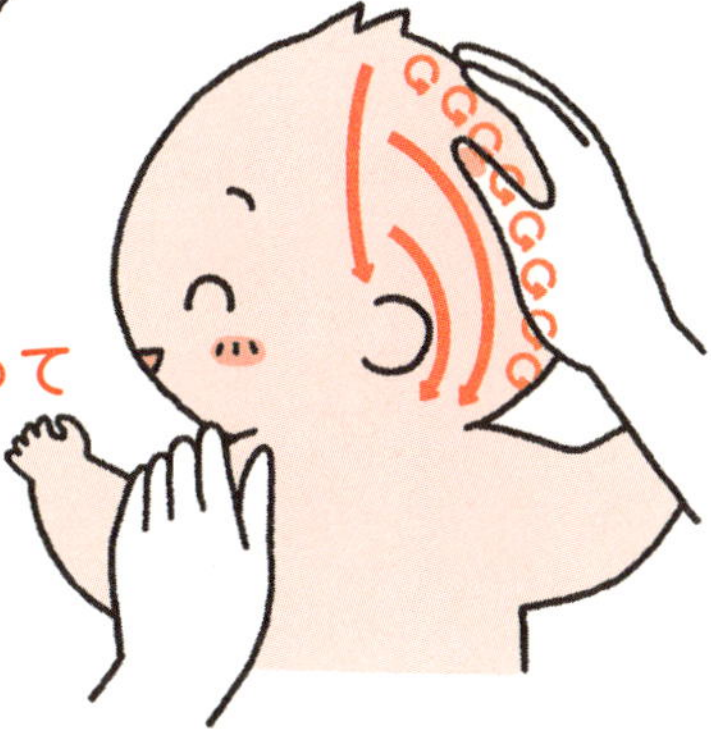

②髪のはえ際にそって
前から後ろへ、
中央から外側へ

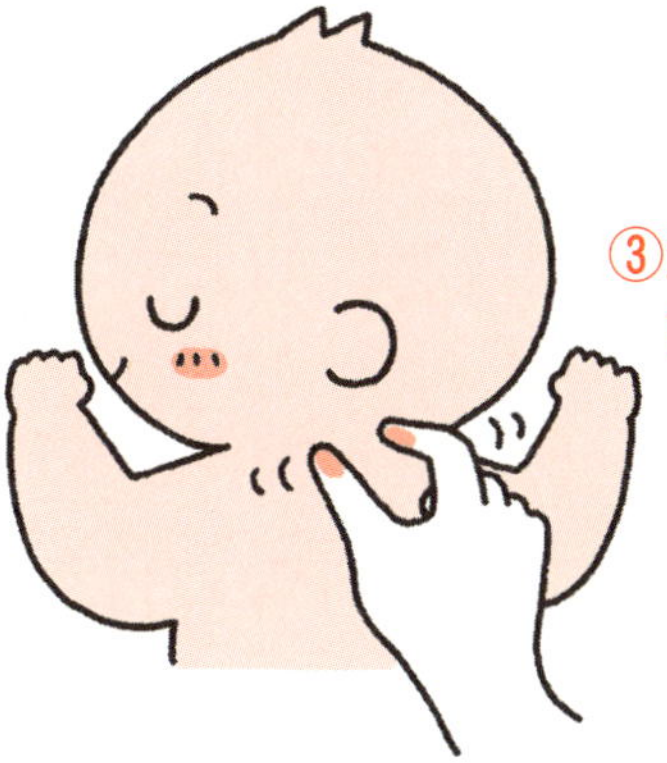

③最後に
首をやさしくもむ

背中のマッサージ

（首から腕）

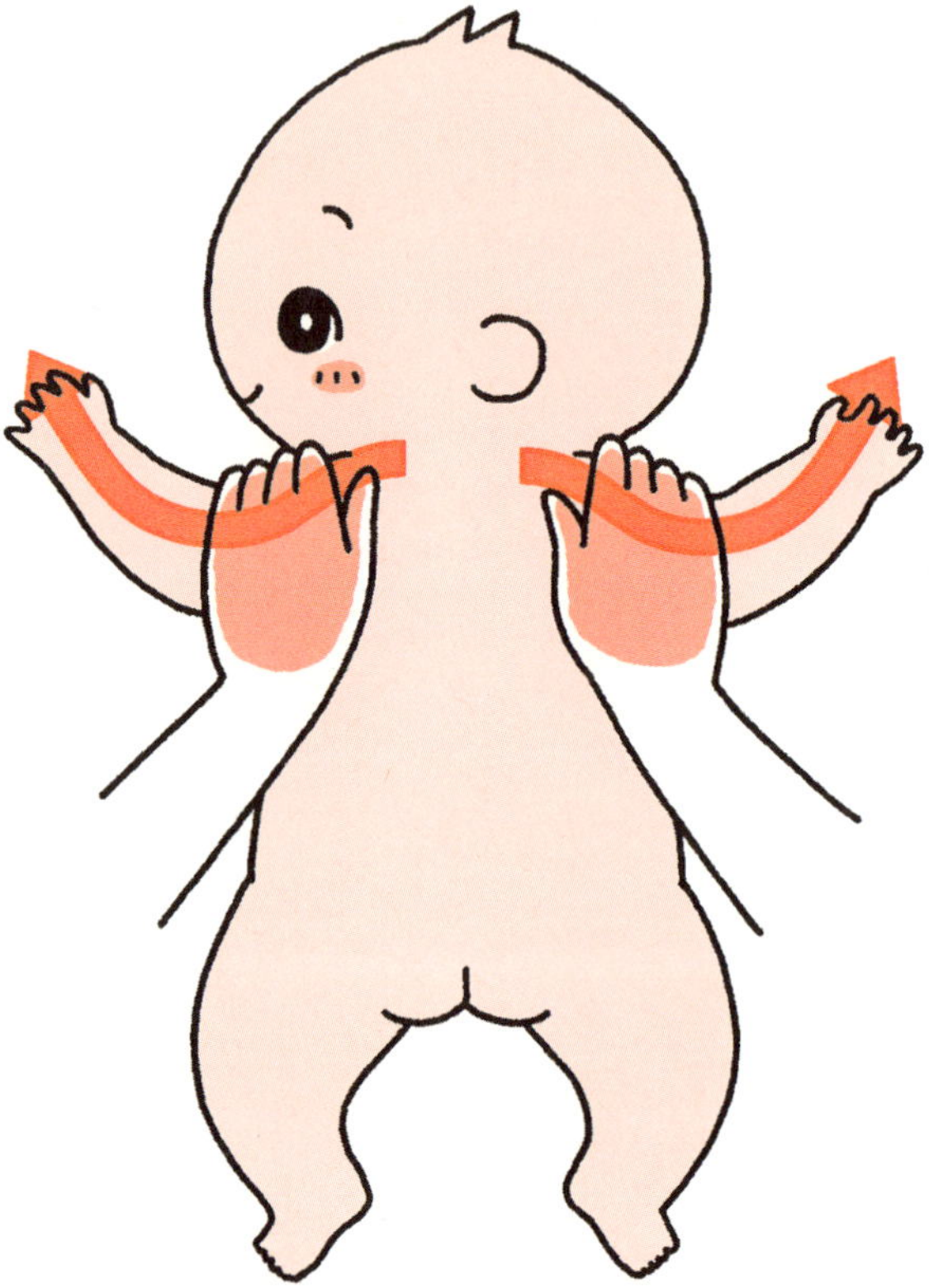

①赤ちゃんをうつぶせにねかせる
②両手で、赤ちゃんの首から肩、腕にかけて
なでつけるようにマッサージする

背中のロングストローク
（肩から足の先まで）

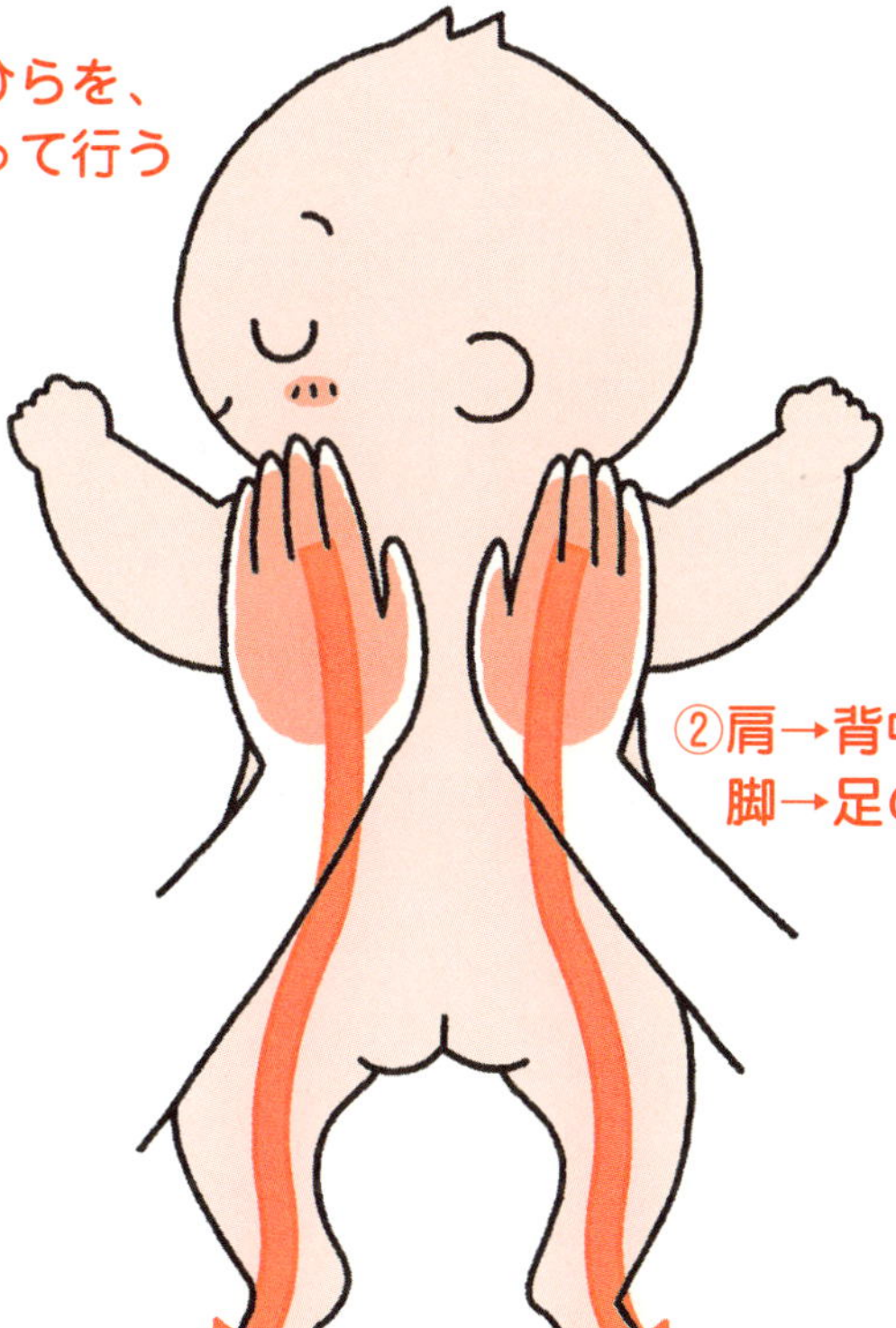
①両手のひらを、
全面使って行う
②肩→背中→お尻→
脚→足の先

効果：背中には、内臓につながるすべてのツボが集まっています。
やさしい刺激で、免疫力や活力がつき、赤ちゃんの生命力を高めます。3～5回くり返しましょう。

背中のストローク
（肩からお尻）

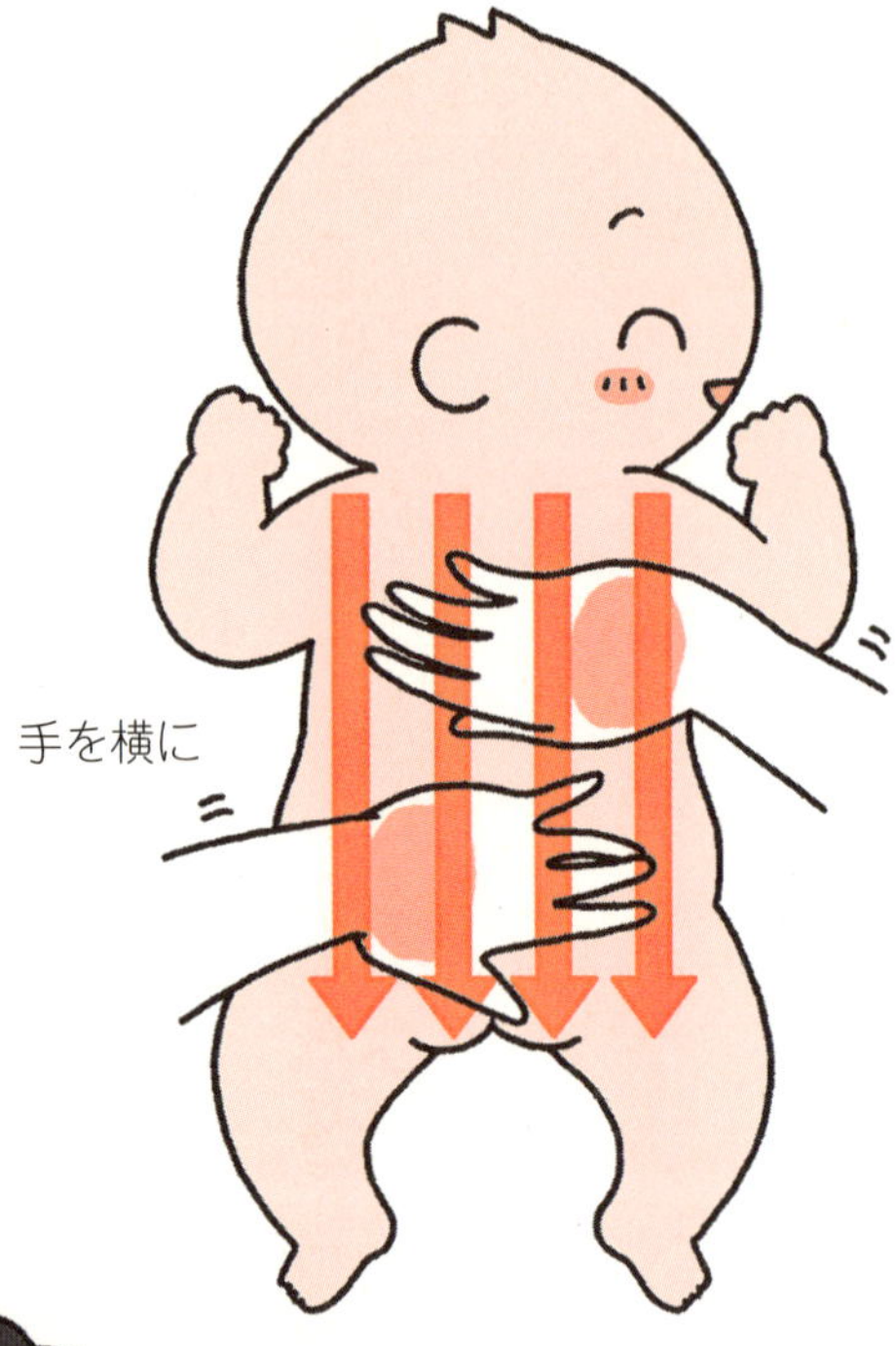

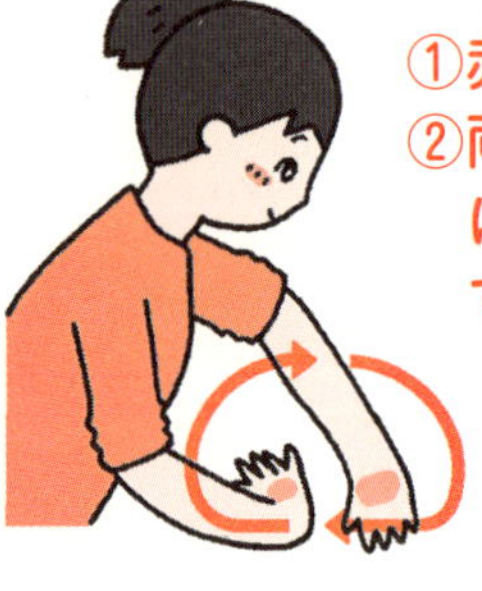

①赤ちゃんをうつぶせにする
②両ひじを広げ肩からペダルをこぐようにして、赤ちゃんの肩からお尻にかけて、圧を加えながらマッサージする

背中のジグザグマッサージ
（肩から背中、お尻）

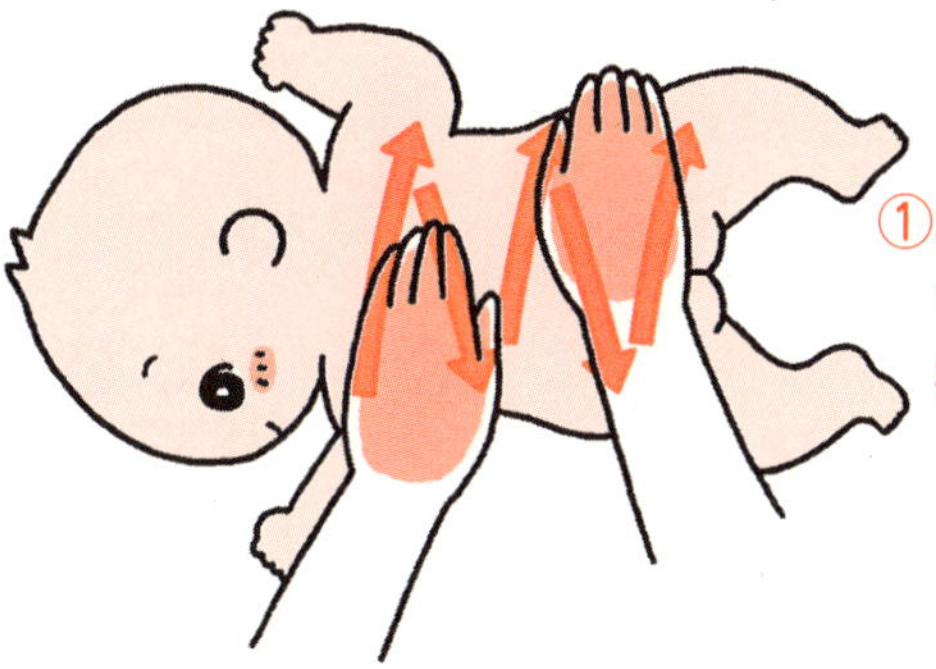

①赤ちゃんをうつぶせにして、横から行う

②赤ちゃんの背中に両手をおき、肩から背中、お尻にかけてジグザグにマッサージしながら動かしていく

全面を3〜5回ぐらい

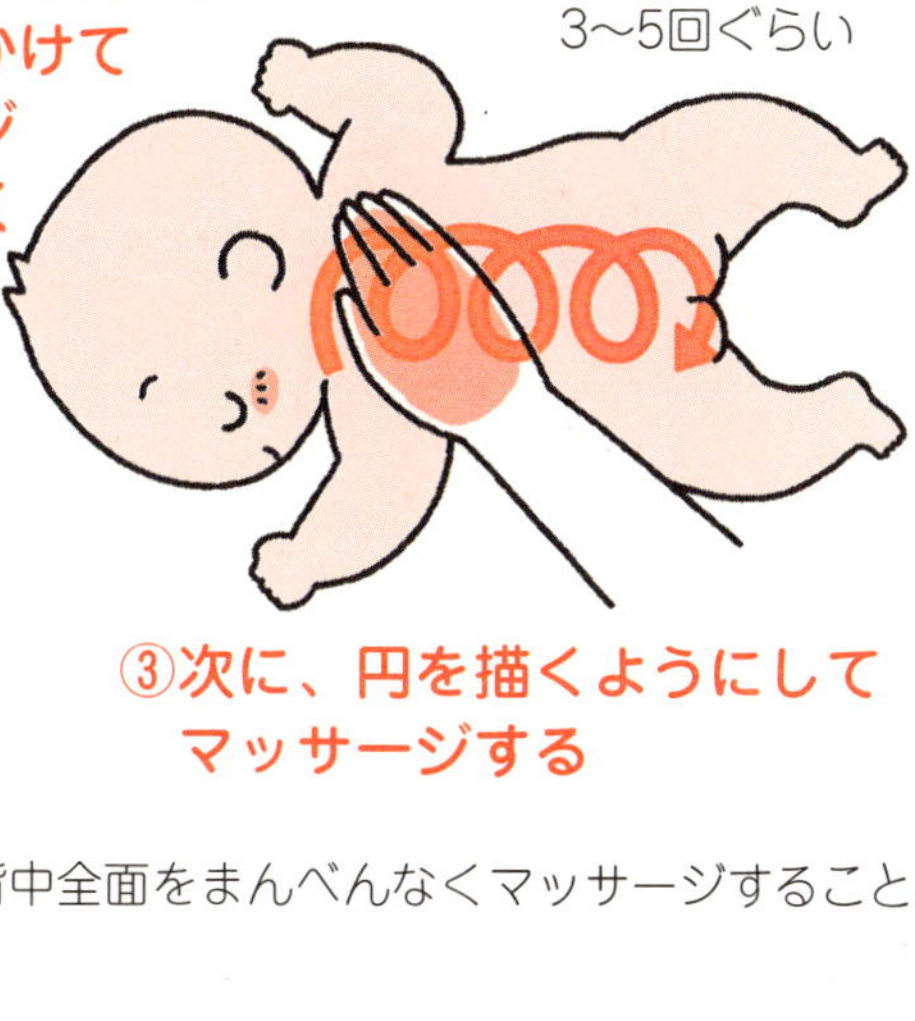

③次に、円を描くようにしてマッサージする

注：背中全面をまんべんなくマッサージすること。

背中のタッピング
（ポンポンたたき）

小さい子は、指先でポンポン→タッピング
大きい子は、手のひらを丸めてカップ状にしてポンポン
→カッピング

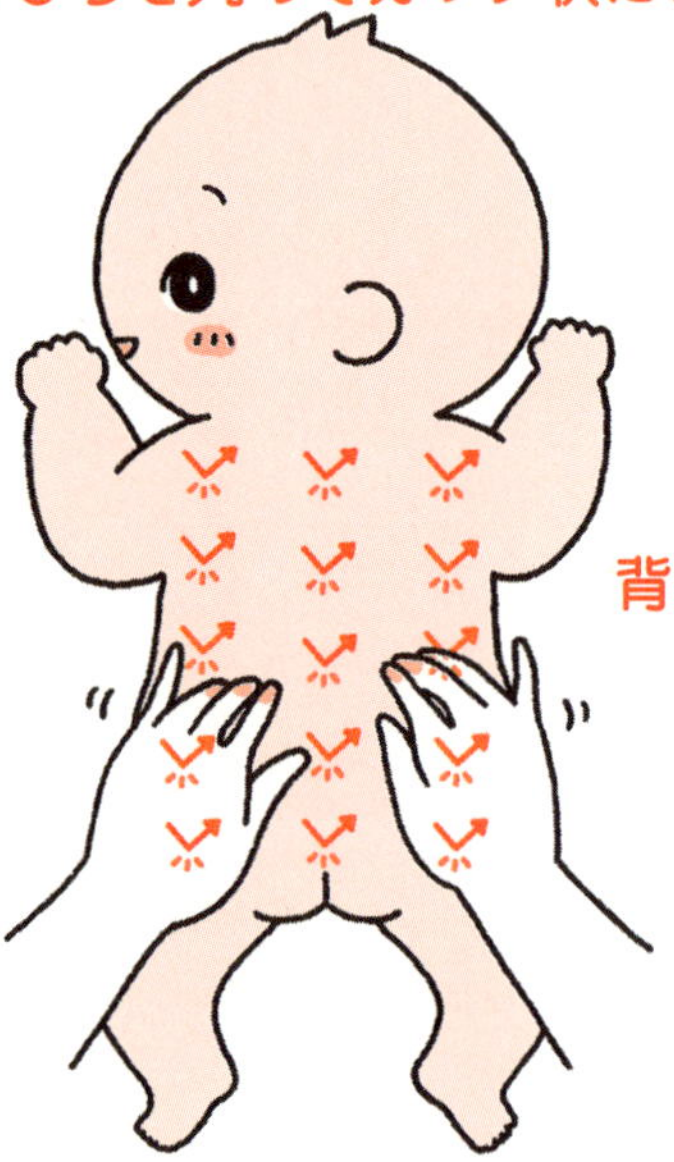

背中をポンポン
軽くたたく
（背中全面）

効果：タッピングやカッピングは、マッサージとひと味違います。皮膚、筋肉、神経系への刺激を与えるのに効果的です。

リズムをつけてやると、とても、ここちよく、リラックスしてきます。

少し強めに行うと気分が高まります。

サンキューストローク

身体の背面を上から下へ優しくなでる

最後に軽くなでて終わる

「お疲れさま」と「ありがとうネ♥」の気持ちを込めてストローク。

第6章

癒しのチャイルドボディワーク

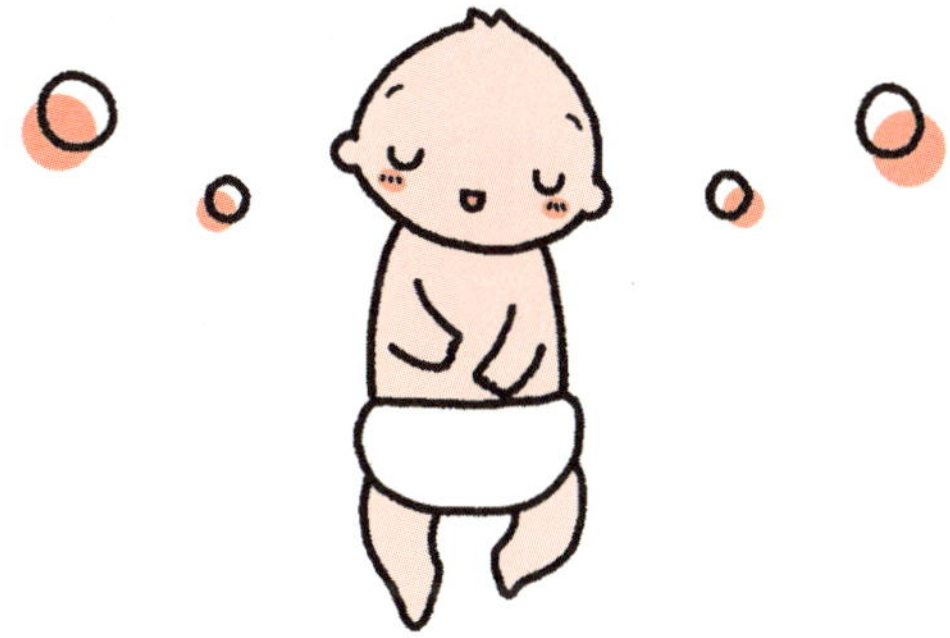

発達段階に応じたチャイルドボディワーク

ベビーマッサージは、誕生直後から9ヵ月までの間に始めるのが理想的です。しかし、いつ始めても遅いということはありません。思いたったときが始めどきなのです。マッサージは、そのとき必要とされる効果を発揮してくれます。

月齢を重ねて幼児、学童へと成長していくと、次はキッズマッサージ（子どもマッサージ）の始まりです。成長してもマッサージやエクササイズなどのボディワークを続けていけば、子どもの変化を感じとっていくことに大いに役立ちます。精神的な成長をサポートすると同時に、体力、運動能力の発達も助けます。

赤ちゃん、子ども向けのエクササイズは、一九二〇年代にドイツのノイマン博士が考案したのが始まりです。当時のドイツは、子どもの発育不全や体力低下が社会問題になっていたのです。東宮侍医長（皇太子付きの医師長）の佐藤久博士はドイツでの効果を見て、戦前に日本に紹介しました。このエクササイズは皇室を始めとする上流階級に広がりましたが、あまり一般には知られませんでした。

図6●年齢による脳の発達曲線

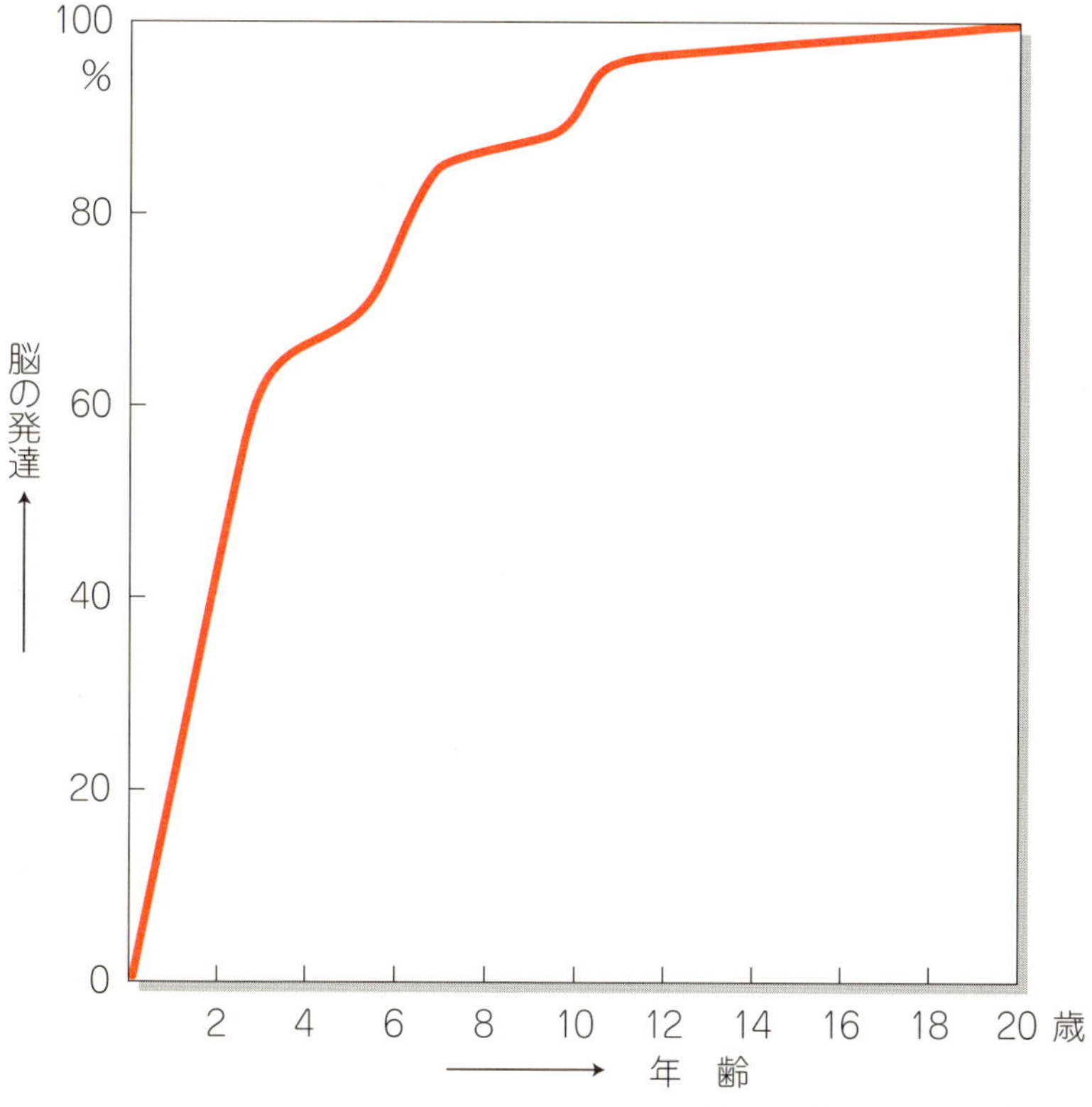

時実利彦『脳と保育』雷鳥社より

人間の脳は、生まれてから3歳までと、4歳から6〜7歳まで、その後10歳前後の3つの時期に急成長します。

人間の脳細胞は、生まれてから3歳までと、4歳から6～7歳まで、その後10歳前後の三つの時期に急成長します。その後はゆっくり20歳頃まで成長をみますが、脳神経の基本配線は3歳頃までに完成します。「三つ子の魂百まで」という言葉がありますが、これはこの時期に受けた刺激が、脳神経の基本配線をかたちづくるということにも通じているようです。コンピュータにたとえれば、3歳までにつくられる脳がハードウエアにあたり、その後はソフトウエアの成長に移ります（図6）。

本書では、脳が急成長する3歳までをベビーマッサージ、それ以上12歳まで対象のものをキッズマッサージと呼びます。また、ベビーからキッズまでを対象としたこれらのボディワークを、まとめてチャイルド・ボディワークと呼んでいます。

心の目をひらく癒しの技法

ボディワークというのは、身体に働きかけて心を癒し、人間的な成長をうながしていく身体心理技法の総称です。マッサージ、タッチ、感覚覚醒エクササイズ、ロッキング、運動療法、自己表現などたくさんの手法がありますが、どれもが感覚や身体にアプローチして、精神的な成長や癒しをもたらすという共通点をもちます。

ボディワークの特徴は、人間を部分に分けず全体性でとらえ、身体と心をひとつのものととらえています。その意味で、ベビーマッサージやこれから紹介する感覚覚醒エクササイズなどは、典型的なボディワークの手法です。

ボディワークでは、やり手と受け手の相互作用を重視します。人の手をかりると、自分がひとりで身体を動かしてできることよりも少し先まで進めます。たとえば、ひとりでするストレッチと、二人で手をにぎりあって行うストレッチでは、伸びる力も質も異なります。ひとりではできない方向に筋肉を動かせるし、動きも違ってきます。そうした経験が脳に新しい刺激をもたらし、心の目をひらいていくことにつながるのです。

受け身から、より積極的に

チャイルド・ボディワークは、子どもの発達段階に応じた使い分けが重要です。

赤ちゃんのときのボディワークは子どもが受け身で、お母さんが主体になります。とくに新生児へのマッサージは、まだ手足に緊張が残ってM字W字に曲がっているため、筋肉を無理に伸ばしたりしないような心づかいが必要です。やさしくタッチしてあげることが多く、マッサージも手や足をもつときはそっと軽くつかみ、足のつけ根の関節にはとくに気をつけます。

寝返りができるようになり、おすわり、ハイハイへと進むにつれ、マッサージの重点を手や足から、背中や腹などにうつします。

歩き始めの赤ちゃんはじっとしていないので、おすわりや抱っこなどさまざまな姿勢で行えるように工夫しましょう。このころ、脳神経を中心とする全身のネットワーク化が進み、よりいっそう複雑な協調運動ができるようになります。積極的に身体を動かして心身の働きをよくし、身体感覚の習熟につとめましょう。赤ちゃんへの語りかけも、反応を誘い出すような語りかけにすると効果的です。

チャイルドボディワークのなかで、マッサージとエクササイズはひときわ重要な存在です。いわば車の両輪のようなもので、マッサージが受動的なボディワークなら、エクササイズは能動的です。大脳の感覚野への働きかけが主となるマッサージに対して、エクササイズは運動野を刺激します。発達に応じて、この両者をバランスよく行うことで、赤ちゃんの心と身体をより健やかに円満に育てていくのです。

▼感覚覚醒エクササイズのイラスト解説

脚のストレッチ

3〜5回くり返し

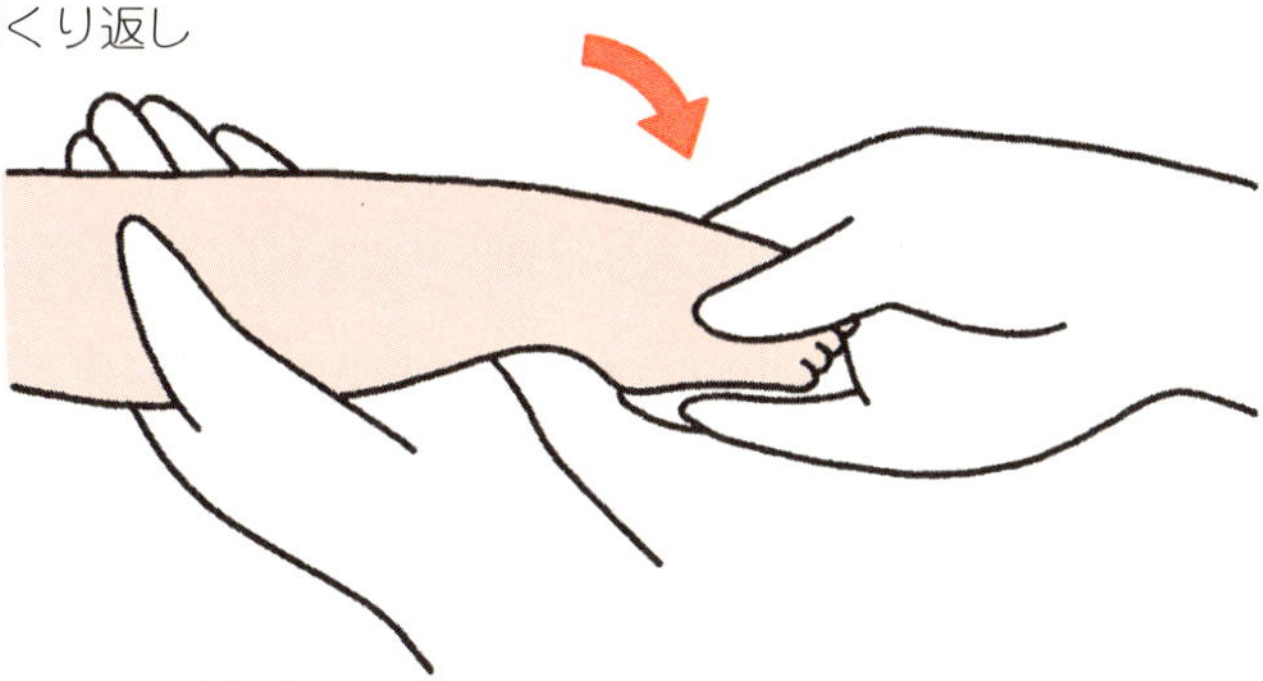

①赤ちゃんの片足を両手でもつ
②片手でふくらはぎをささえ、もう一方の手で赤ちゃんの足をもって甲を、のばすように、足の指にむかって押す
③5秒間ほどそのままにする

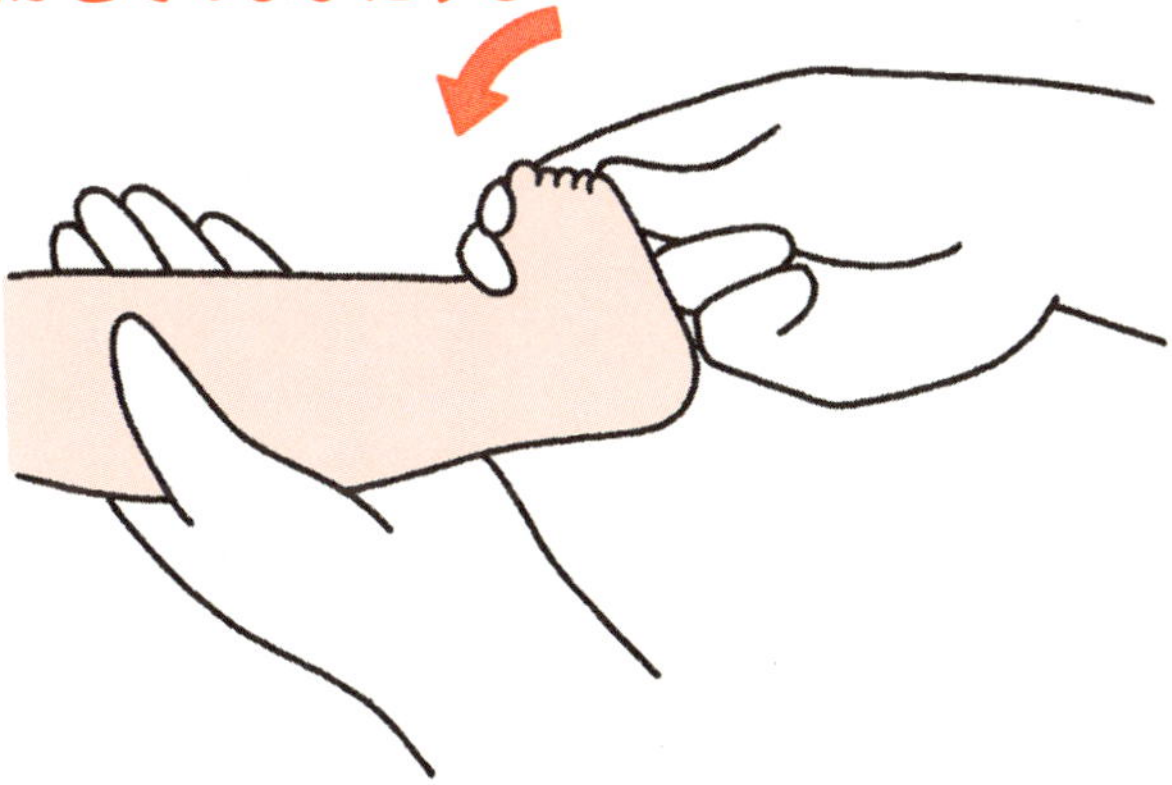

④次に親指を赤ちゃんの足の裏にあてて、軽く押す
⑤赤ちゃんの足首をやさしく曲げる

3〜5回やってもう一方の脚をやります。

キック運動

効果：ひざ、股関節、腰などの筋肉を丈夫に、柔軟にします。
お腹にここちよい刺激を与え、消化や排泄を助けます。
胃腸が弱ったとき、便秘のときに効果を発揮します。

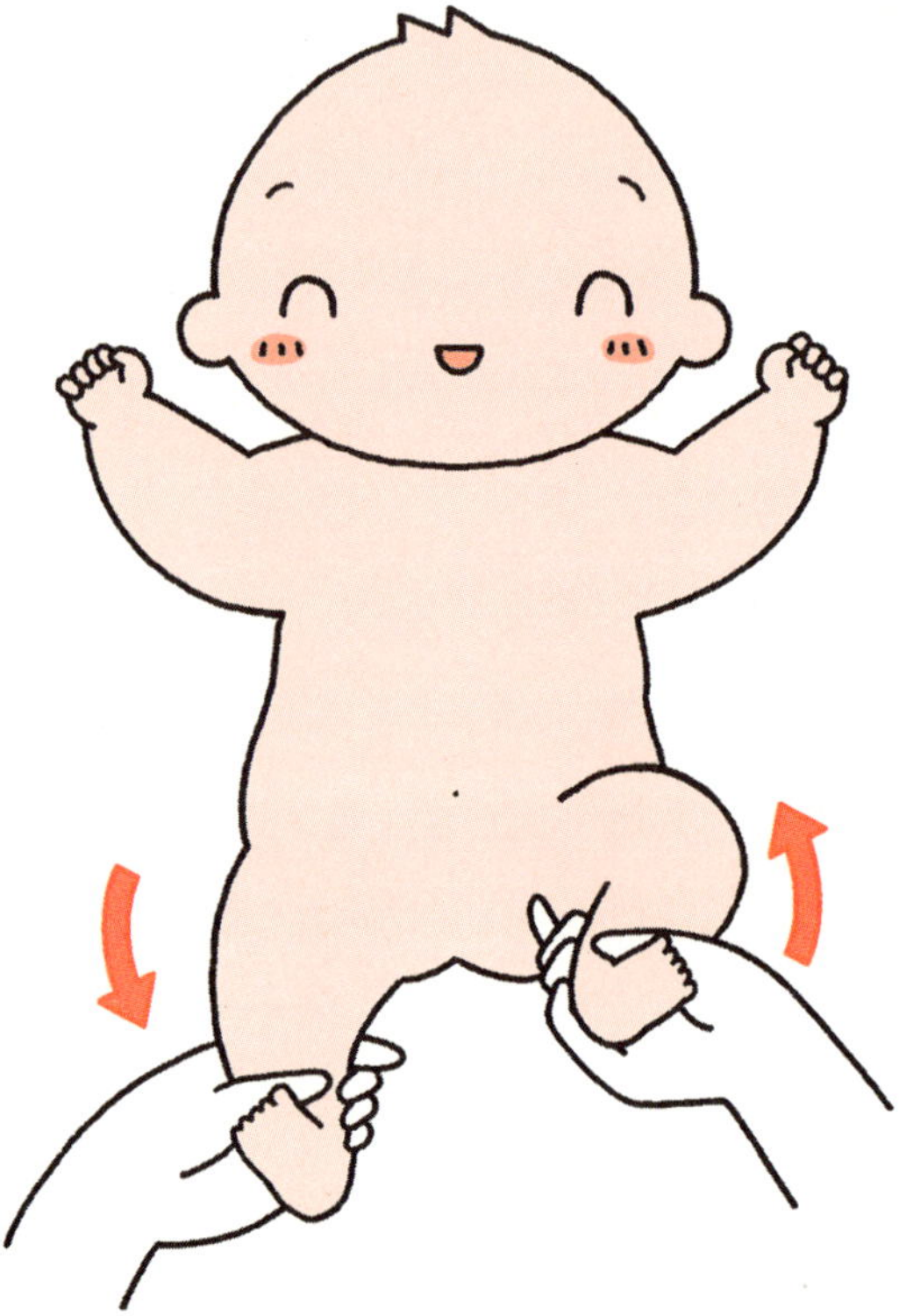

脚を持って、自転車をこぐように前後にまわす

両脚キック

3〜5回くり返し

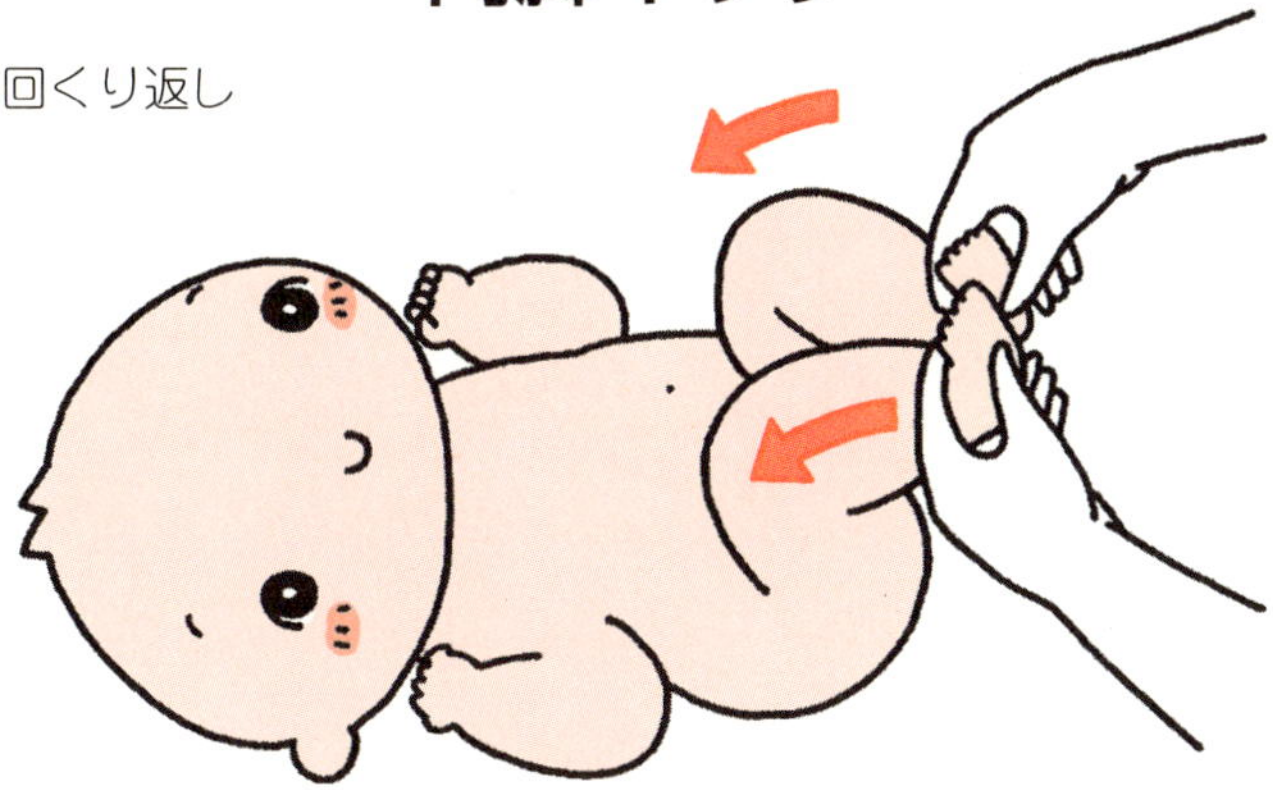

①赤ちゃんの両足首をもって、やさしくひざを胸までよせる

注：無理に
ひっぱらないこと。

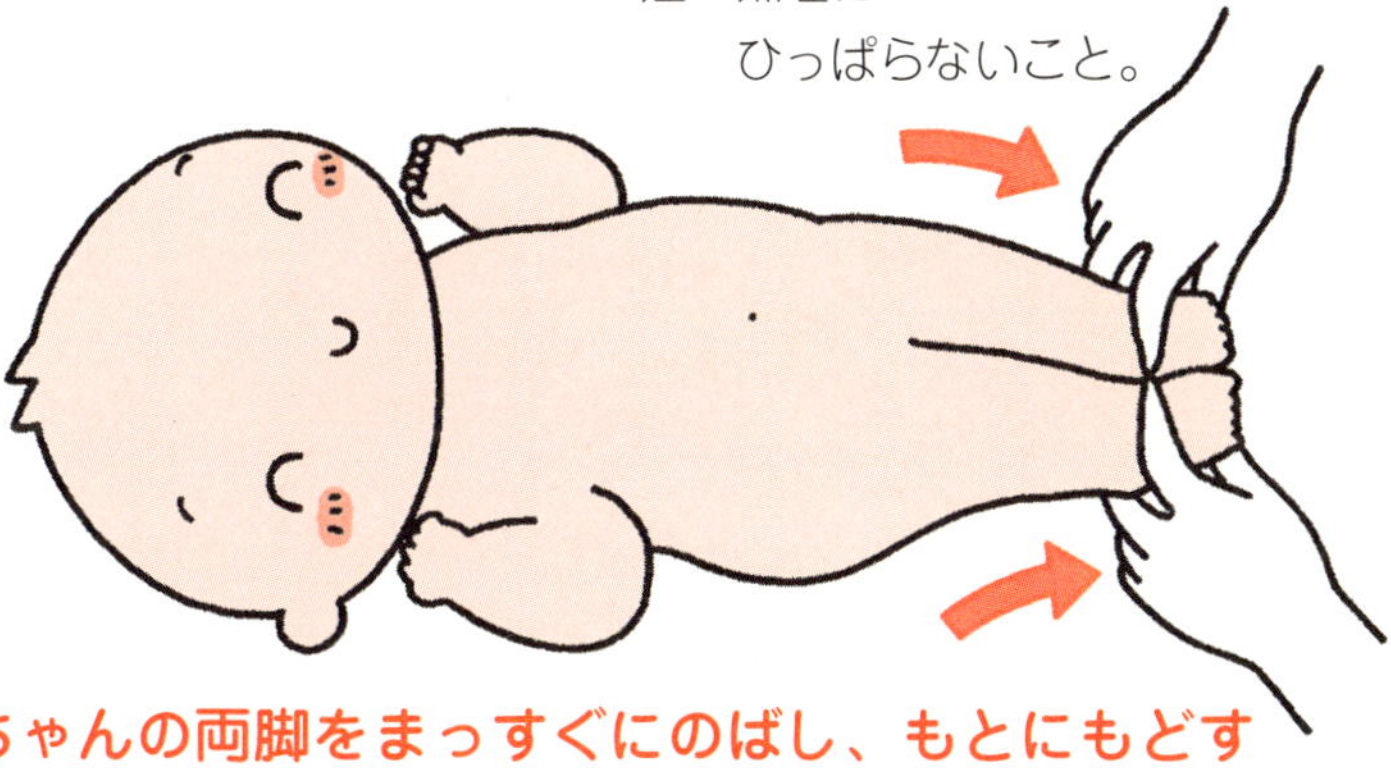

②赤ちゃんの両脚をまっすぐにのばし、もとにもどす

効果：両脚の筋肉の発達をうながします。
腰、ひざ、足首の関節を柔軟にします。

ツイスト

赤ちゃんはあおむけにねかせる

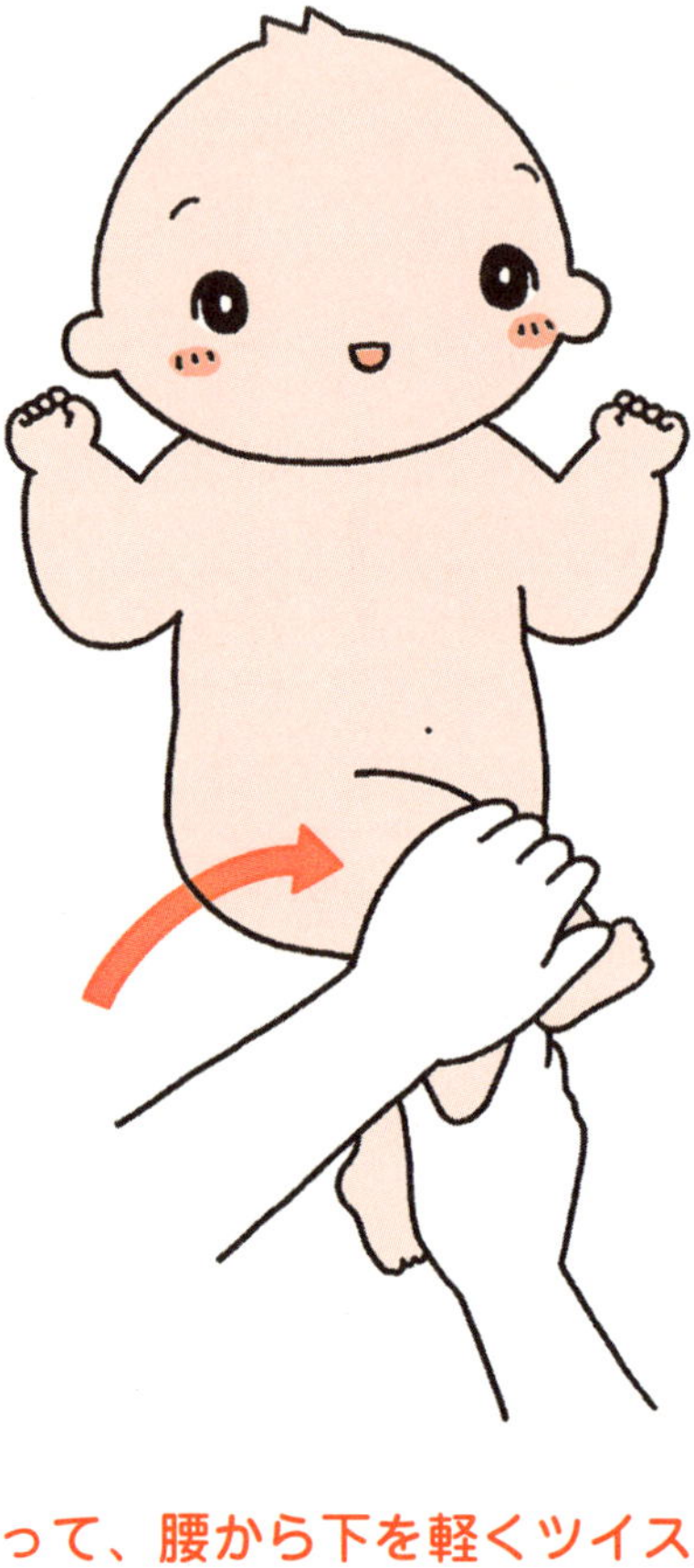

脚をもって、腰から下を軽くツイストする

左右、2〜3回くり返します

ブリッジ

効果：ブリッジは、背筋や腹筋をゆるめ、背骨の柔軟性を高めます。
内臓や背中の神経を刺激し、その働きを活発にします。

●軽いブリッジ

腰がすわる前は、か〜るく
こんな感じで

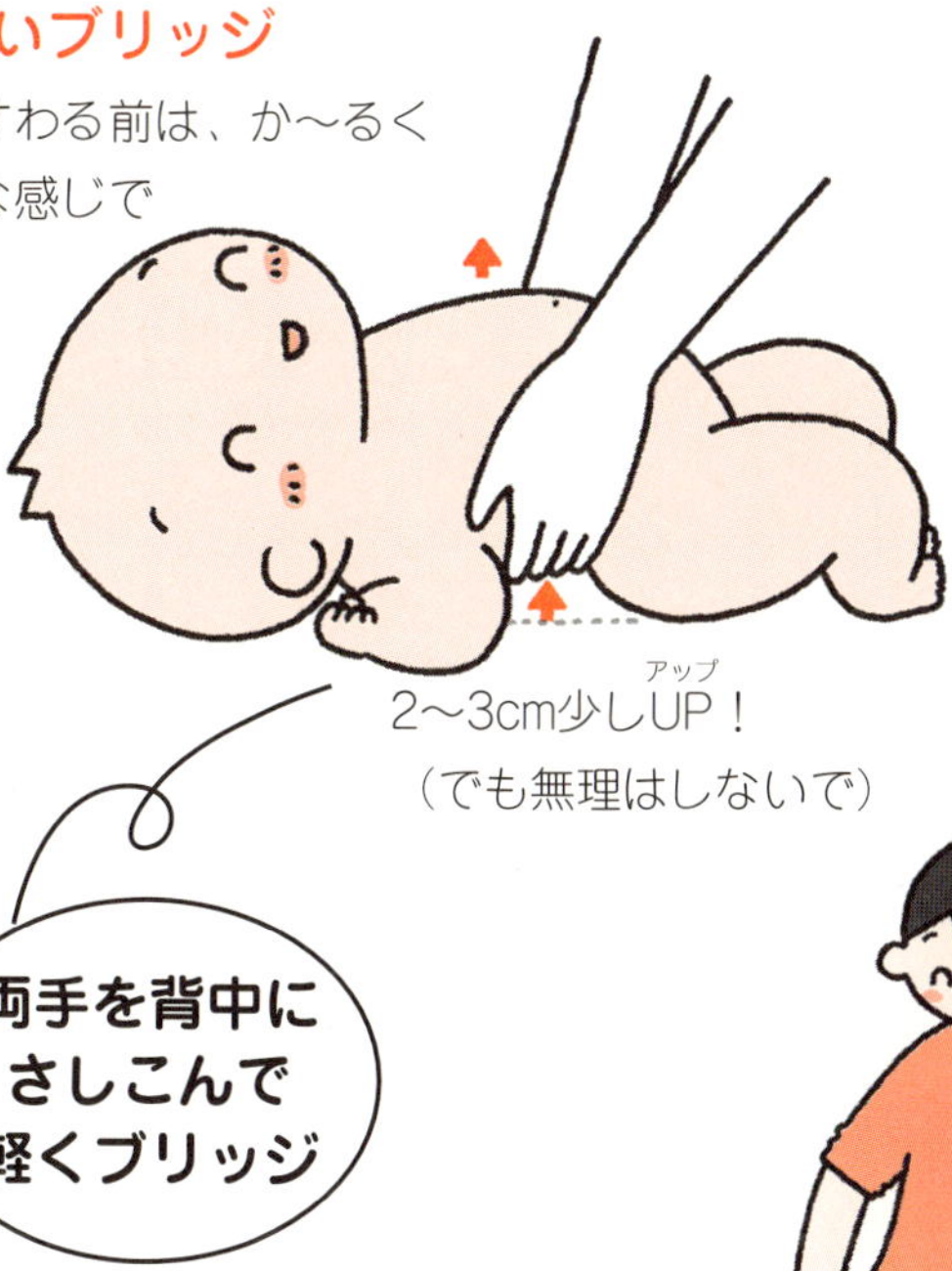
2〜3cm少しUP《アップ》！
（でも無理はしないで）
両手を背中にさしこんで軽くブリッジ

●ブリッジ

腰がすわってきたら、
お母さんの脚の上で
ブリッジ

背中をそらす運動

グライダーのポーズ

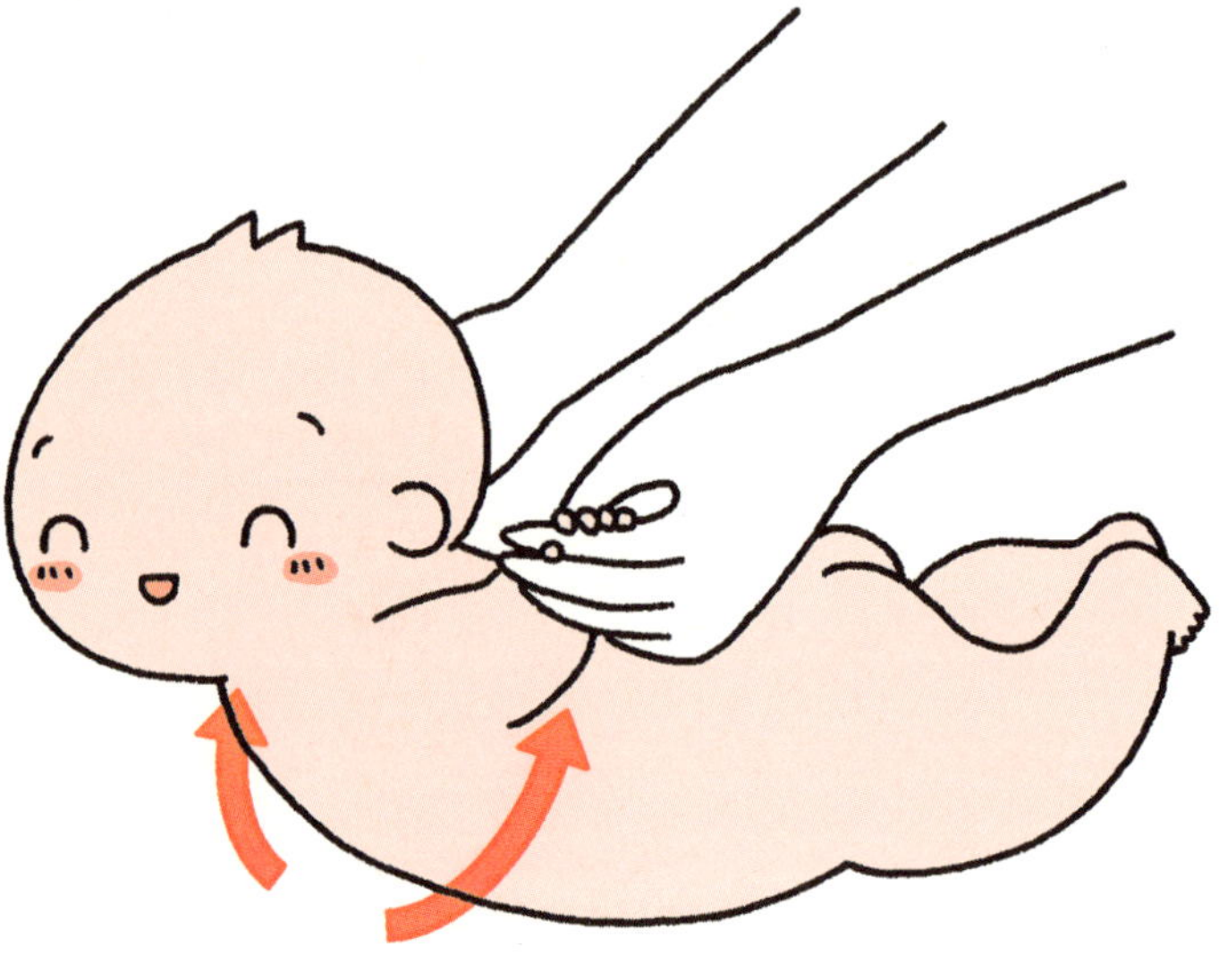

赤ちゃんをうつぶせにし、
両手首をもって、軽くひきあげる

効果：胸を拡げ、背中の柔軟性と、背筋力を発達させる運動。

腕の開閉運動

3〜5回くり返し

①赤ちゃんをあおむけにねかせる
②赤ちゃんに、親指を握らせる
③赤ちゃんの両腕を開げる
④次に、はさみのように交差させる
⑤赤ちゃんの両腕を広げる
⑥次にはさみを逆にして
交差する

注：手の持ち方
赤ちゃんに、
親指をつかませます

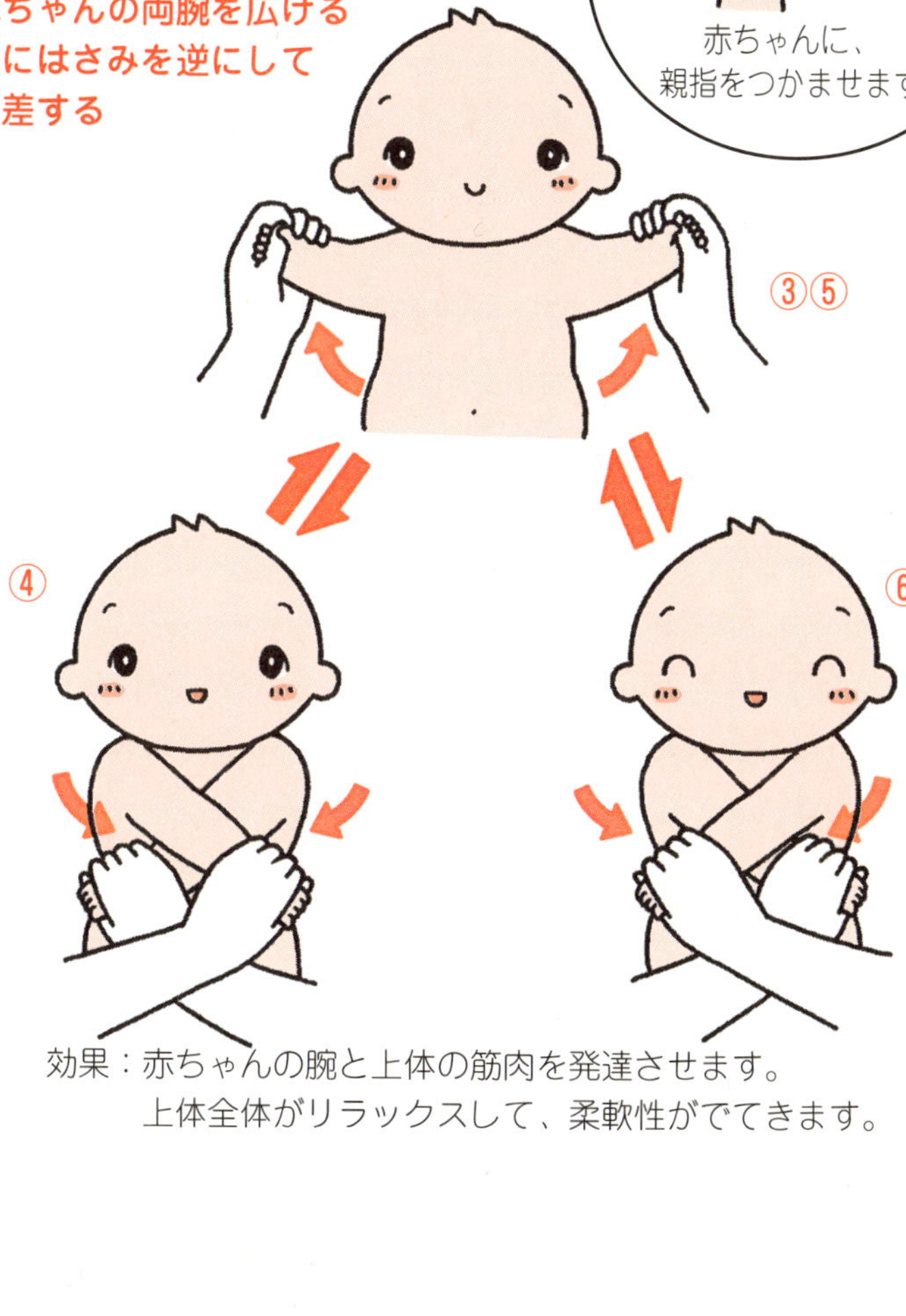
③⑤
④
⑥

効果：赤ちゃんの腕と上体の筋肉を発達させます。
上体全体がリラックスして、柔軟性がでてきます。

腕のロッキング

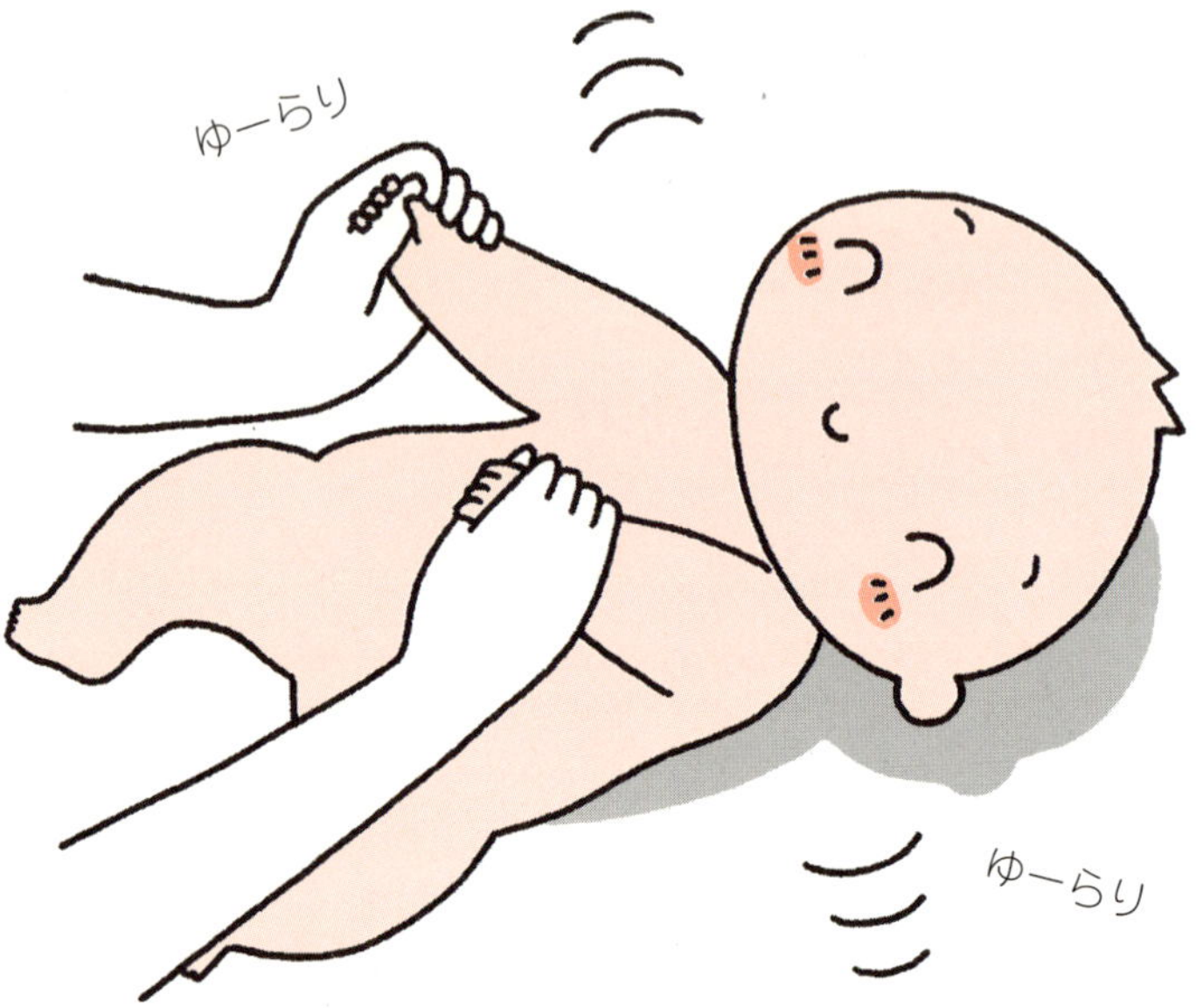

①赤ちゃんの両腕を軽くもつ
②赤ちゃんの体重を利用して、上半身を左右に揺らす

注：首がすわってから行います。

効果：ロッキングというのは、揺らすことです。

赤ちゃんは体内の水分が多いので、ロッキングで体液が動き、マッサージと異なるここちよい刺激を受けます。

お母さんのお腹で羊水に浮かび、ゆられていたような効果があり、とても安心できます。

ゆっくりとリズムカルに行いましょう。

お腹のロッキング

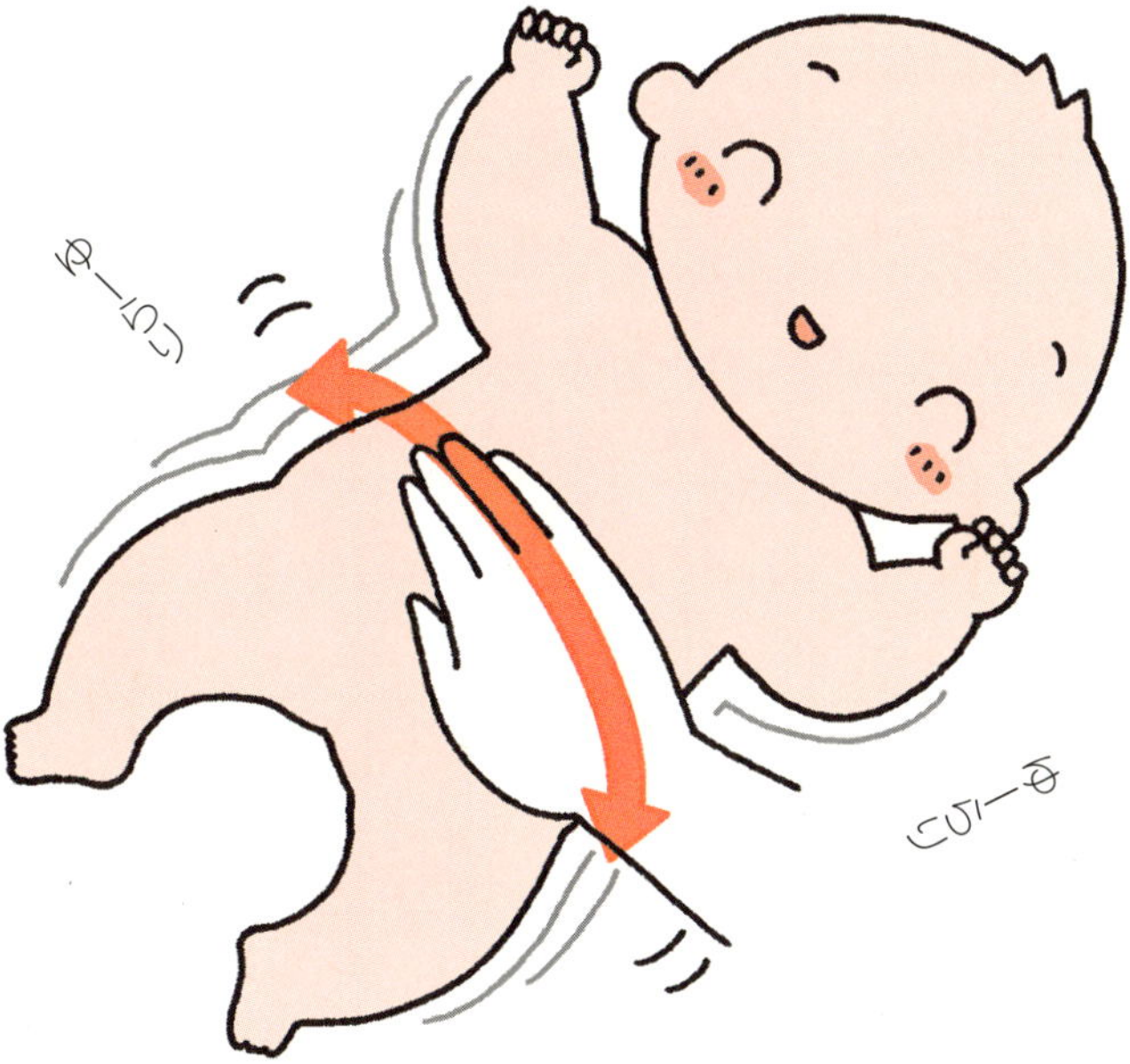

①お腹を包むように、ぴったり手をあてる
②ゆっくりと手を動かして、お腹をゆらす
③手の動きと赤ちゃんの動きがあってきたら、
リズムをつけて身体全体をゆらゆら揺らす

効果：ご機嫌が悪いとき、眠くてむずかっているときにやると、
落ちつきます。

全身ストレッチ

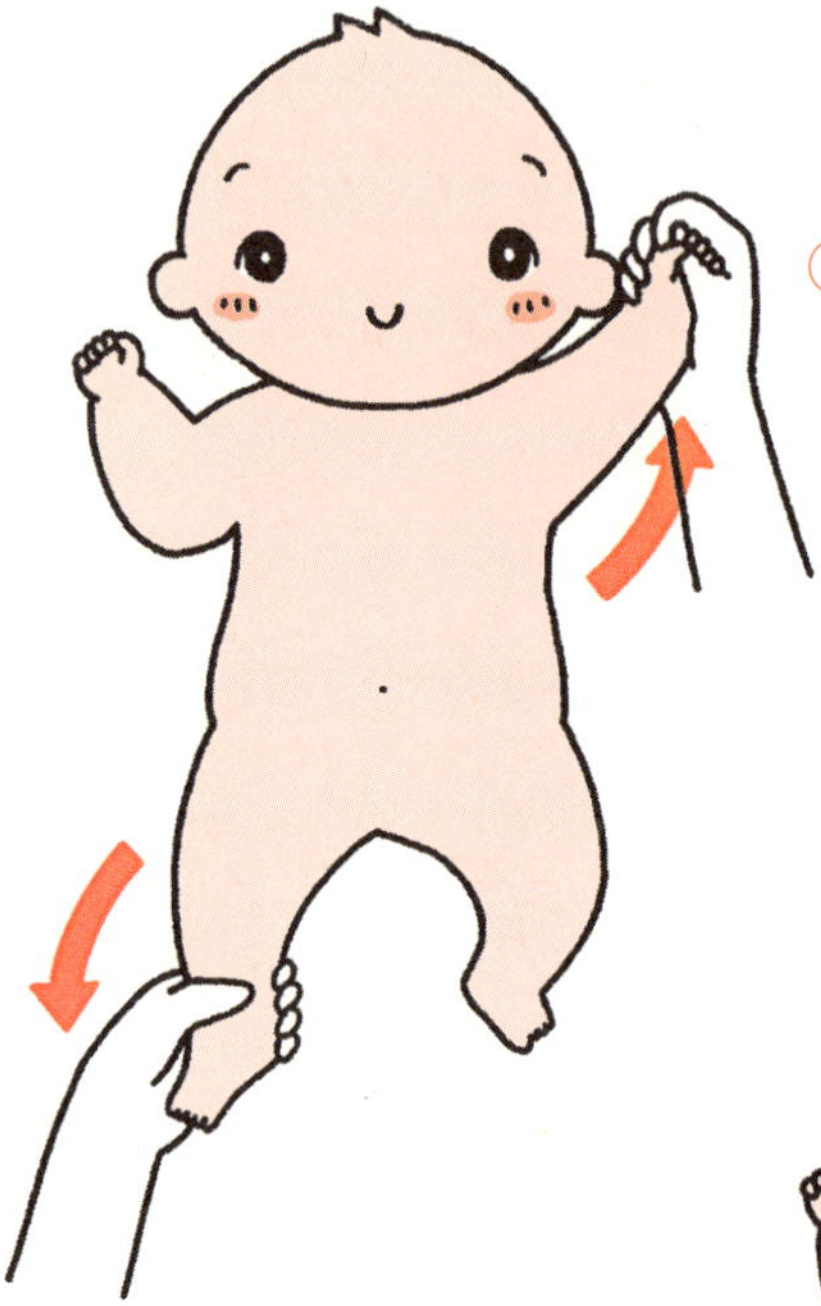

①赤ちゃんをあおむけに
ねかせる

手は足につくくらい

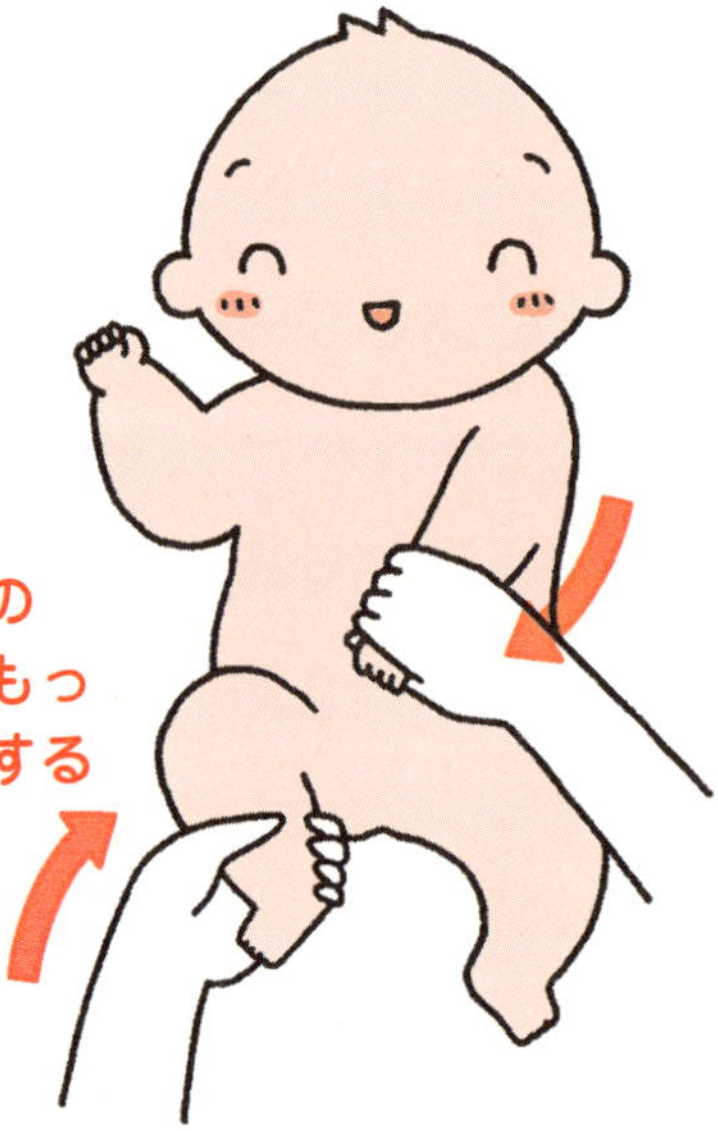

②右手と左脚、左手と右脚の
組み合わせで、脚と腕をもっ
て軽く開いたり閉じたりする

2〜3回くり返します

第7章

ベビーマッサージでどう変わる？

——体験者の声より——

夜泣きがなくなりました

長男の勇人が生まれたときは、たいへんな難産でした。母子ともに疲れきって、弱々しいうぶ声をあげてやっとのことで生まれてきました。私もヘトヘトで子どもの姿を見ただけで、しっかり抱いてやることもできない状態でした。

生後1ヵ月を過ぎたあたりから、勇人は毎晩のように泣き始めました。一度泣き始めると2時間は続き、抱いてあやしてやっとおさまったと思ったら、また泣き出して2時間…。毎晩第2ラウンド、第3ラウンドがあるので、主人が仕事から帰っても赤ちゃんにかかりきりでした。

勇人はおっぱいの吸いつきが悪く、体重増加が遅いようでした。神経過敏で眠りが浅くちょっとした物音で目をさまして、泣き出します。育児疲れから私もヒステリー気味になり、主人は家の片隅で小さくなっている感じでした。

ある日、主人が勇人が過敏なのは、難産だったせいではないかと言い始めました。主人は独身時代に能登先生のセラピーを受けていて、そこで難産で生まれた人たちのバーストラウマについて学んでいたのです。

主人が電話をかけたことから話が進み、勇人をつれて能登先生を訪ねることになりました。頭のなかは子どものことでいっぱいで、それどころではなかったのですが、いつもは静かな主人がとても積極的に行動したのでそれにひっぱられた感じでした。勇人が4ヵ月の頃です。

能登先生には、まず出産のときの様子を聞かれました。勇人が生まれてくるときに産道に頭がつかえた話をすると、「それはバーストラウマですね。まず、そのトラウマを癒しましょう」とおっしゃいました。先生の手が軽く子どもの身体にふれると、火がついたように泣き始めました。元気な産声のような泣き方で、大声で泣き続けたあとはぐっすり眠ってしまいました。私は心配でたまりませんでした。

でも、その夜から夜泣きがピタリとやんでしまったのです。呼吸が深くなってぐっすり眠るようになり、まわりが騒がしくても目をさましません。ミルクもよく飲むようになりました。勇人が生まれて以来ピリピリしていた家のなかがしだいに落ち着き、新しい生活のリズムが生まれてきました。通って3回目のとき、「あとはお母さんがやってください」とベビーマッサージの方法を教わりました。

今は3歳になりますが、夜泣きはあれ以降なくなり、離乳食が始まってからも、好き嫌いなくよく食べてくれました。胸が偏平でしたがだんだんよくなり、1歳半頃からは胸板がしっかりしてきました。発育がよくなって活発なので、生まれたときに神経過敏だったと言っても誰も本気にしません。平こう感覚がよいらしく、ころんでも猫のように敏捷に身をかわしてしまい、頭を打ったりけがをすることがありません。

今になってみれば、生まれてすぐにバーストラウマを癒しておいて本当によかったと思います。

（Y・Iさん　29歳）

ききわけのよい素直な子どもに

私がベビーマッサージを知ったのは、次男が3歳のときでした。上の二人には間にあわなかったものの、子どもにいいことならとりあえずやってみようと、軽い感じで始めてみました。

いたずら盛りなのでじっとしてマッサージを受けるのはむずかしいと思っていましたが、予想と違っておとなしくしています。最初のときから、次男は気に入ったようでした。

マッサージのあとはにこにこして素直です。確かに聞き分けがよくなるので、「これがそうか」と思い、続けることにしました。私は毎日きちんとマッサージしていなくて、たまにやるのですが、子どものほうからリクエストがかかります。お風呂あがりにパジャマを着せていると、片足を突き出して「足やってー」と言います。朝、主人と上の子を送り出したあとホッとしていると、私の両手をつかんで自分の耳にもっていって「耳やってー」です。

ある日マッサージをしながら、ふと思いついて「生まれたときのこと、憶えてる？」と聞くと、「がんばってまえにいったのに、とまれっていわれた」と答えるのです。確かに出産のときに助産婦さんから「いきみすぎだから、少し休んで」と言われたシーンがありました。次男の話に驚いて、上の二人に同じことを聞いてみたのですが、長女も長男ももう小学校に通っているせいでしょうか、憶えていませんでした。

その後も落ち着きがなかったり、イラだっているときは、マッサージをしてますが、やると興奮がおさまり気分が安定して、素直になってきます。最近は、上の子たちにもせがまれてマッサージをしています。

（S・Oさん　35歳）

赤ちゃんに勇気づけられる

私は、『赤ちゃんの心を育てるベビーマッサージ』という本を読んで、ベビーマッサージを始めました。夜泣きがなくなり、よく眠るようになって食欲が出てきたことや、熱を出すことが減ったとか、いろいろなことがありました。でも、そうしたことと一緒に忘れられない経験をしました。心が育っているんだな、と確信するできごとでした。

複雑なつきあいに疲れて帰り、ぐったり座ってこたつに突っ伏していたときのことです。突然、「さあ、元気を出して」というように背中をポンポンッとたたかれました。まるで同年輩の長年の親友が、勇気づけてくれているような感じのたたき方でした。ハッとして、伏せていた顔をあげてふりかえると、ハイハイを始めたばかりの娘がにこやかな瞳で私をじっと見ています。まるで一人前の大人のような表情でした。

私の気持ちを察して、疲れをやわらげてあげようと思っているような様子です。無邪気に私の目をのぞきこむ娘に勇気づけられ、疲れがひいて身体のなかから元気が湧いてくるような感じでした。このことを人に話したのですが、単なる偶然ではないのかと言われました。

でも、娘がヨチヨチ歩きを始めた頃、また同じことが起きました。忙しさで、ストレスに疲れて、長椅子の上に横になって休んでいたとき、「ほら、元気出して」というように肩をたたく人がいます。主人が帰ってきたのかと起き上がると、寝かしつけたはずの娘が長椅子の脇につかまって私の顔をのぞきこんでいます。まだ、言葉を話せないのですが、「大丈夫。元気を出して」と励ますような視線をまっすぐ私に向けていました。

赤ちゃんは私たち大人が思っている以上に、多くのことがわかっているのです。わかっているだけでなく、人の気持ちに共感したり、疲れや痛みをやわらげてあげたいと思いやったりできるのです。まだ思うように身体が動かせないし、言葉も話せないのですが、それなりの表現方法を自分で見つけ出したのだと思います（うちのなかでは、主人も私も、肩をポンとたたくことなどした記憶がないからです）。

この経験は偶然ではなく、思い込みでもないと思います。これからも、子どもの心の成長を大事にしていきたいと心から思います。

（M・Kさん　33歳）

癒されたのは自分自身

17歳と19歳の子どもがいます。正直言って、最近になって子育てに失敗したのではと感じています。幼稚園の教諭として働きながら、結婚して子どもを生み、育ててきたのですが、子どもたちが中学生くらいになった頃から何を考えているのかわからなくなってきました。

わが子ながら感情表現が単調で、やさしさとか思いやりが足りないように思えます。そんなわけで、書店でベビーマッサージの本を見つけたとき、「心を育てる」という文字が目に飛びこんできました。

本には、チャイルドボディワークのセラピストの養成講座があると書かれていました。出席してみると、私ももっと早くこうしたことに関わっていればと思いました。そうすればもう少し違う形で子どもと接してこられたのではなかったのかと……。

セラピストの講座を受けたことを友人に話すと、知り合いで赤ちゃんのいる人を紹介してくれました。初めてのときは教わったとおりキチンとやろうと無我夢中でしたが、少し慣れてくると、だんだん子どもの肌にふれるのが楽しみになってきました。

うまく表現できないのですが、ホッとするというか、何か満たされてくる感じがあり、かわきが潤うというのか…。そうするうちに、心を満たされていなかったのは私だったのだと思いあたりました。私が生まれた頃、家は貧しくて母も働きに出ていたため、よく近所に預けられていたそうです。その頃の記憶はないのですが、母から必死で働いたという話はよく聞かされていました。

問題があるのは子どもたちと思っていたのですが、問題があったのは親の私のほうだったようです。幼いときに預けられて自分が寂しい思いをしたのに、子どもにも同じ寂しい思いをさせてしまったようです。

これからは子どもたちとの間にできた距離を、縮めていきたいと思います。


（H・Nさん　47歳）

ハッピーベビーと呼ばれました

ベビーマッサージを始めてから、子どもがにこやかになって、表情豊かになったのは、気がついていました。

他の赤ちゃんとの違いがはっきりしたのは、親子三人でアメリカのディズニーワールドに行ったときのことです。子どもは生まれて8ヵ月で、初めて飛行機に乗りました。離陸のときに泣き出したので、これから大丈夫かなぁと心配していたら、隣の席の男性が飛行機が上昇しているときに泣くと、気圧の変化の影響を受けなくて楽になるのだと教えてくれました。

まわりには同じくらいの赤ちゃんから小学生くらいまで、大勢の子どもが乗っていました。でも、ツアーのなかでうちの子だけが、「ハッピーベビー」と呼ばれたのです。まず、スチュワーデスさんから、「この子はハッピーベビーね」と言われました。アメリカ流のあいさつと思ったのですが、飛行場でも、ホテルやレストランでも、ディズニーワールドでも、通りすがりの人が笑顔がかわいいと言って立ちどまって話しかけてくるのです。

『赤ちゃんの心を育てるベビーマッサージ』という本の表紙に、かわいい笑顔の赤ちゃんの写真がのっていましたが、図書館で本をみつけたとき、その笑顔にひかれて借りたのです。うちのベビーも、ハッピースマイルになってきたようです。

初めての海外旅行なのに、泣いてぐずったりすることもなく、環境の変化に柔軟に対応していないはずのアメリカの離乳食もよく食べてくれていたようでした。ご機嫌で、慣れていないはずのアメリカの離乳食もよく食べてくれました。睡眠も快調でよかったです。

（M・Yさん　26歳）

体験談中の『赤ちゃんの心を育てるベビーマッサージ』というのは本書の前身となった本で、自費出版したものです。この章は、主にこの本をきっかけにベビーマッサージを習いに来た方から寄せられた話をまとめたものです。直接お話をうかがったもの、いただいた手記を手直ししたもの、アンケートに記入されたものを読みやすくしたものなど、ベビーマッサージを実践された方たちの声です。

ベビーマッサージを積極的に実行されたほかの方にも、その効果を聞いてみると、感情表現、睡眠、食欲、発達、成長、生活のリズムなどさまざまな面におよんでいるようです。マッサージをきっかけに起きた小さな変化が、波紋を広げ、次の新しい変化を呼んでいくようです。

「マッサージすると子どもが喜ぶので、うれしくなる」

「赤ちゃんの機嫌がよくなると、気分が明るくなる」

こうした声もありました。マッサージは、お母さんの意識や態度にもよい影響をもたらすようです。子どもたちの心の発育を一緒に体験していくことで、親としても人間的に成長していくのでしょう。

ご協力いただいた読者の皆さんに、感謝いたします。

おわりに

本書は、著者のセラピストとしての経験をもとに、子どもの心と身体についての最新の研究結果をまじえてベビーマッサージの重要性を解説したものです。

これまで著者が実践してきた、赤ちゃん、子ども向けのボディワークは主として、バーストラウマの解消を目的としたものでした。青少年や成人を対象としたセラピーを行うほど、考えられている以上にバーストラウマが人生を支配しており、胎児や新生児のときに受けた心の傷が今なお痛み続けていることがわかります。

インドやアフリカの伝統社会では自然な出産で生まれた赤ちゃんに、誕生の疲れ、つまりバーストラウマを癒すためのベビーマッサージを行ってきました。現代は人工的な出産体制が普及し、誕生時にこうむるトラウマはますます重くなっています。それゆえにベビーマッサージの必要性は一層高まっているでしょう。

マーガレット・ミード博士は、ニューギニアの各部族を調査して、部族ごとの育児法の比較研究を行いました。その結果、スキンシップの多い部族は、もっとも心やさしく温かい性格をしており、対照的に身体の接触の少ない部族は、気が荒く攻撃的だったということです。

この調査を、昔の日本の皮膚接触が多かった育児と、皮膚接触がすっかり減ってしまった現代の育児に置き換えてみてはどうでしょうか。ある程度以上の年齢の方なら、スキンシップたっぷりで育った世代の人のほうが、スキンシップの少ない世代よりも、他人の気持ちを察したり思いやりがあることはおわかりでしょう。

胎児期の経験、誕生、その後の育児。子どもの心の成長は、たとえれば、積み木を一つひとつ積み上げていくようなものでしょう。一番下に置かれる積み木が大きくしっかりしていれば、その上にたくさん積み上げられるし、おいそれと崩れません。しかし、一番下の積み木が小さく弱々しいものであれば、上にどんな立派なものを載せようとしてもうまくいかず、無理に載せればすべて崩れ落ちてしまいます。

ベビーマッサージを始めとするチャイルドボディワークが果たす役割は、人生の出発点に十分な癒しを行い、しっかりとした盤石な積み木を置いて、豊かな人間性を育てていくことにあたるでしょう。

また、現代は経済的に豊かになったものの、環境汚染や住宅事情の悪化など、子どもをのびのび育てるのに困難な事情が多々あります。核家族化が進み、そのうえ離婚率も増加しています。両親が別居しているなど、うっかりすると家族とふれあうこともできない子どもたちが増えている現状です。

そうしたなかでお母さんひとりの肩に、出産・育児・教育の重圧がかかってきています。お母さんのストレスは、子どもにとっても大きなストレスとなり、家族のなかでストレスが悪循環していることもあります。それは家庭内にとどまらず、社会全体の悪循環にもリンクし始めています。

言葉をおぼえる以前に受けた心の傷（トラウマ）は、話し合いや教育的指導といった理性的なアプローチでは解決できません。子どもたちは考える前に、感じています。もっと直接的なふれあいを求めているのです。

ベビーマッサージに始まるチャイルドボディワークは、親と子双方のストレスを解消し、感性や感情に働きかけ、人間として一緒に成長していくための心の糧となるでしょう。密室育児と呼ばれる現代。親と子の毎日の生活を、マッサージやエクササイズによって活気づけ、開かれたものにしていきたいものです。

子どもは次の世代を担う社会の宝。健全な子どもを育てるのは社会全体の責任ではないでしょうか。悪循環の特効薬は見つからないまま、さまざまな問題が放置され、青少年の問題行動は新しい形に多様化し拡散しつつあります。しかし、いつまでも手をこまねいてはいられません。できるところから始めるしかないでしょう。

そうしたことから、これまでの経験を生かしてマッサージ・セラピーなどのチャイルドボディワークを広く紹介して普及させていきたいと考えるようになりました。これからは、チャイルドボディワークのセラピストの育成もめざしたいと思います。

肌のふれあいは、自然が私たちにもたらした天性の癒しであり、もっとも基本的なコミュニケーションでしょう。子どもたちの心の成長のために何ができるか、今一度考えていきたいと思います。

能登あきこ

巻末付録

これまで紹介してきたいろいろなマッサージを組み合わせると、次にあげるような様々な効果が期待できます。ぜひ実践してみてください。

1. 時間がないときのショートメニュー

Ⓐ 頭を活性化させる3分間マッサージ（下の三つのマッサージをくり返す）

① 手のひらマッサージ
（101ページ）

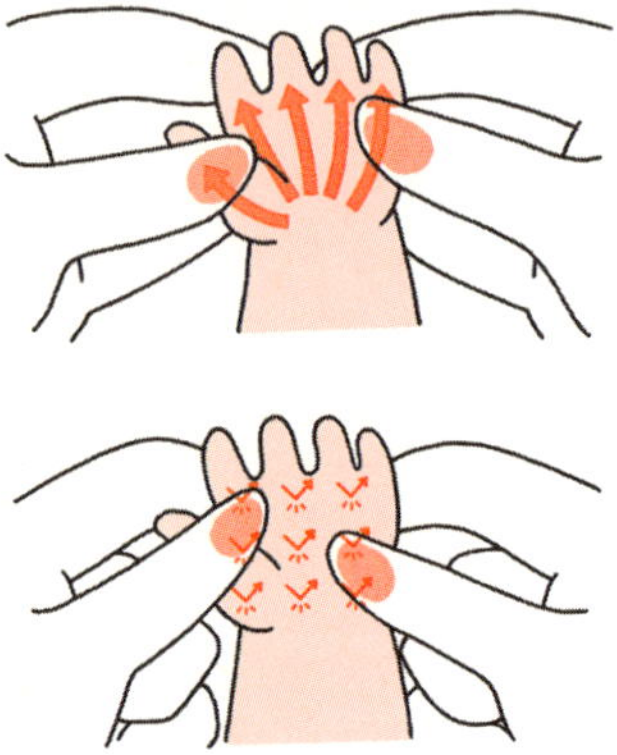

② 手の指と甲のマッサージ
（102ページ）

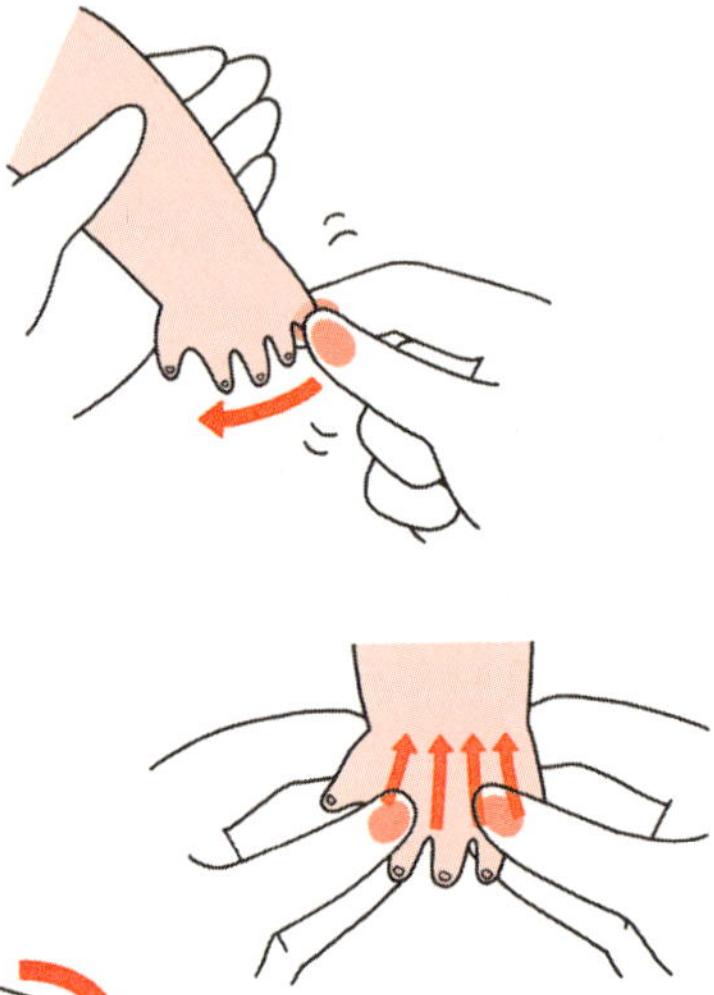

③ 手首の回転運動（103ページ）

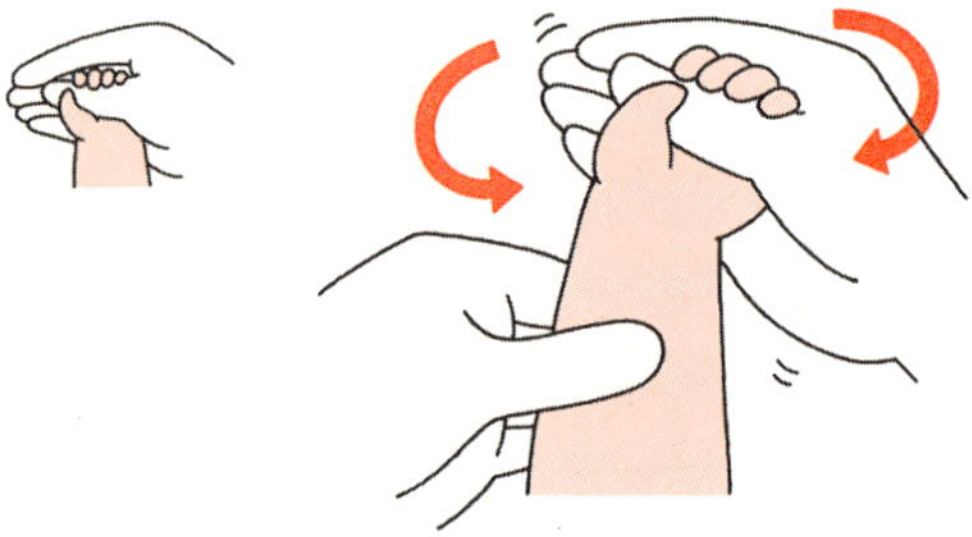

手をマッサージして、頭に程よい刺激をおくります

Ⓑ 元気が出る5分間マッサージ（各1分間ずつ）

① 足の裏のマッサージ（87ページ）

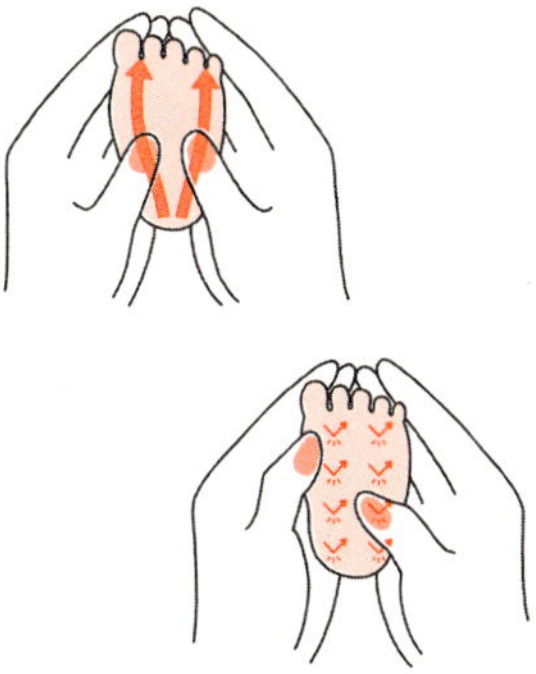

② 足の指のマッサージ（88ページ）

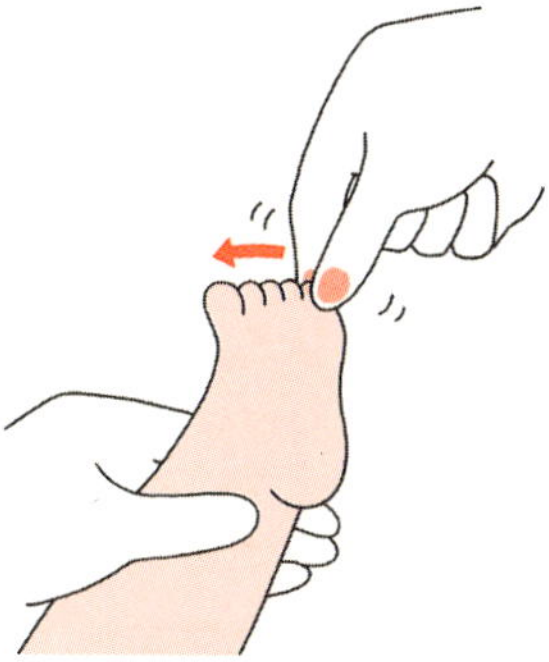

③ 足の甲のマッサージ（89ページ）

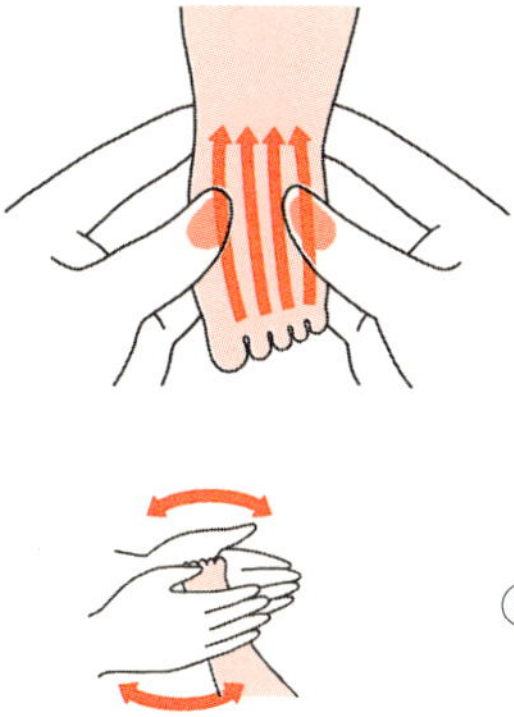

④ 足首の回転運動（90ページ）

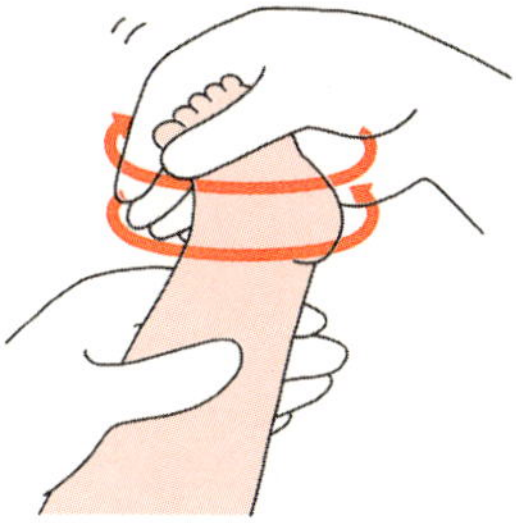

⑤ 脚のストレッチ（123ページ）

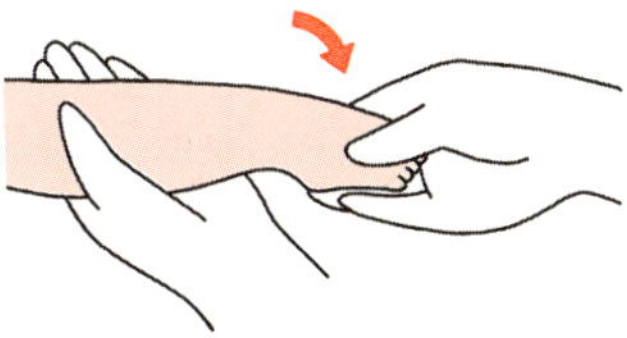

神経とツボが集まる足を集中的に
マッサージすることで、全身に効果を出します

2. 朝の目覚めが悪いとき（5分間程度）

① 脚のストレッチ（123ページ）

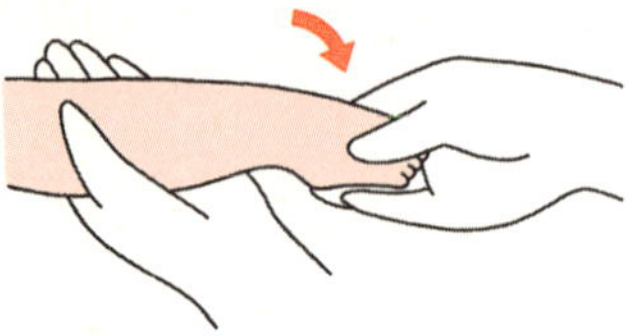

② ブリッジ（127ページ）

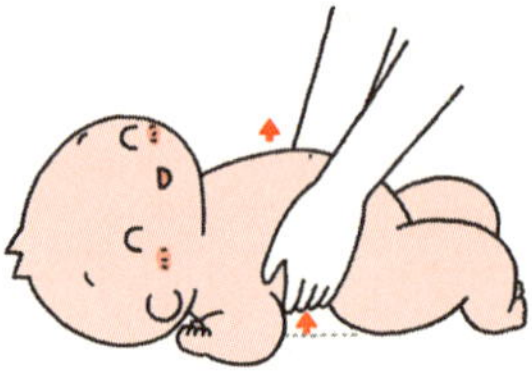

③ 全身ストレッチ（132ページ）

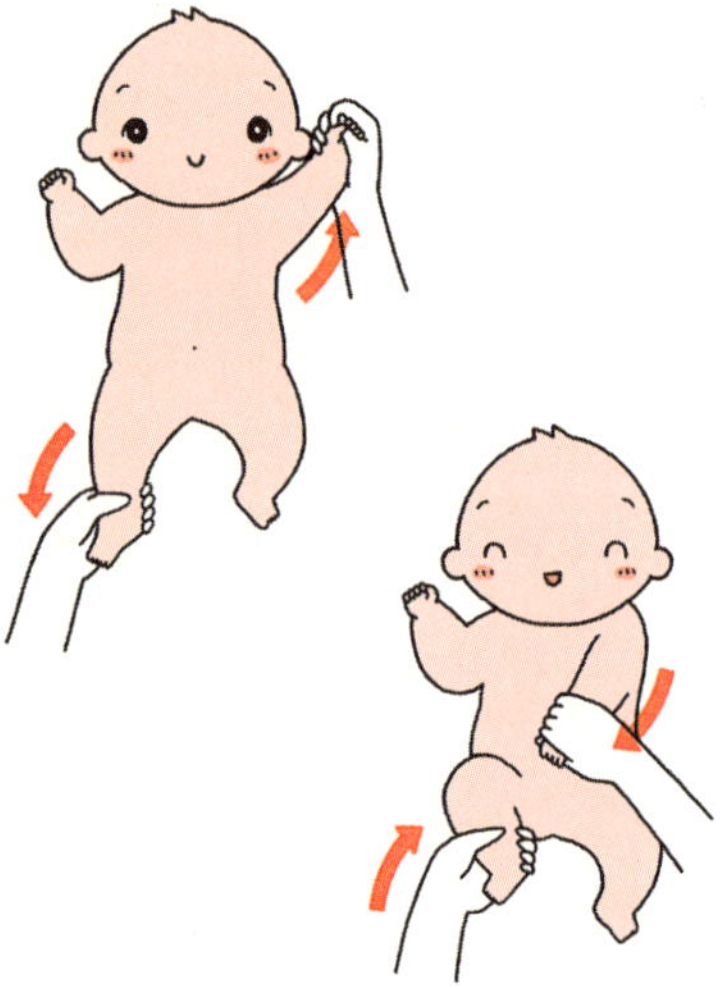

④ 背中のタッピング（114ページ）

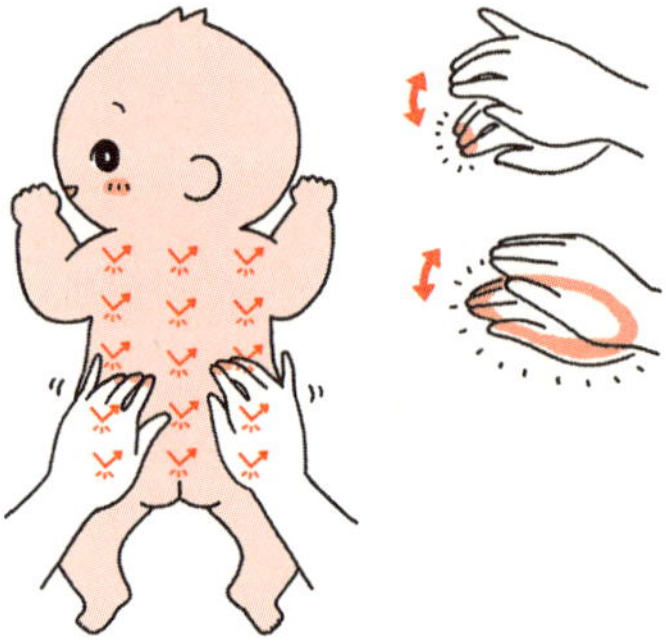

衣服の上から行います。ストレッチやブリッジで、神経を目覚めさせます。背中のタッピングは、いつもより少し強めに

3. 夜眠れないとき（5分から10分）

① 脚のマッサージ（外側）（86ページ）

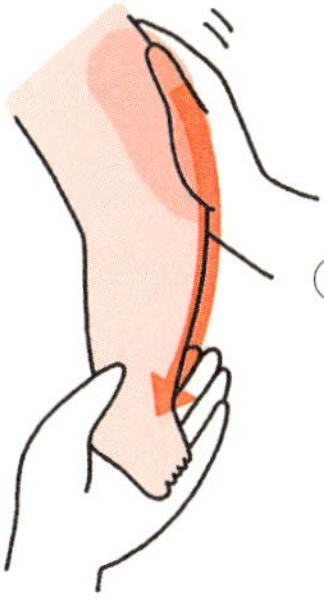

② 脚のマッサージ（内側）（86ページ）

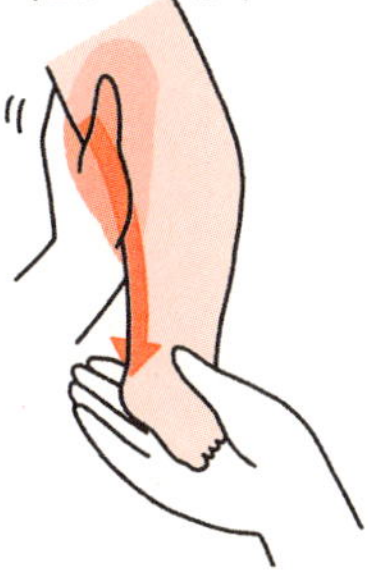

③ 足の裏のマッサージ（87ページ）

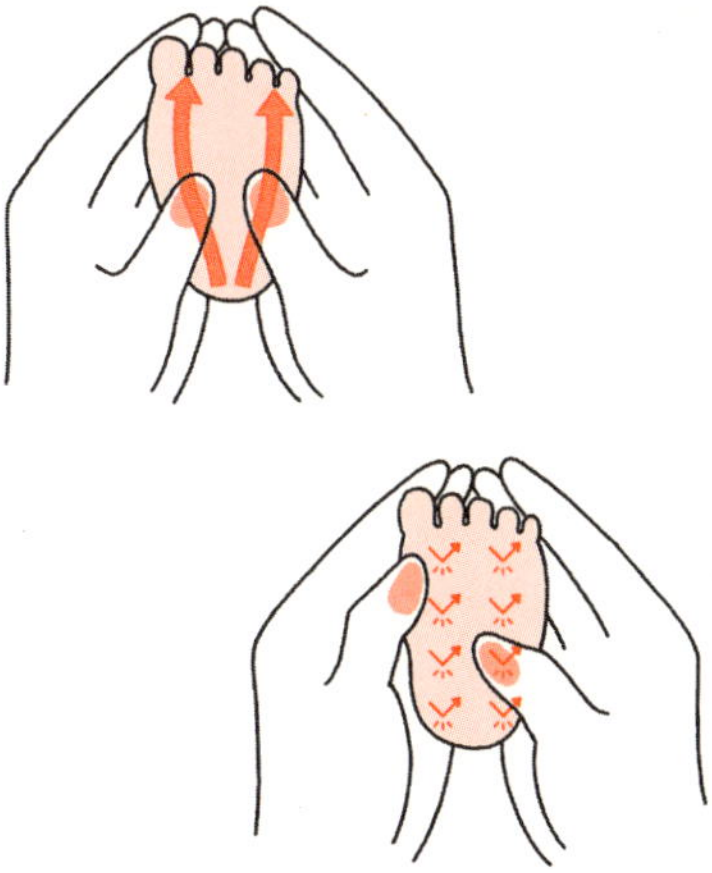

④ 脚のローリング（91ページ）

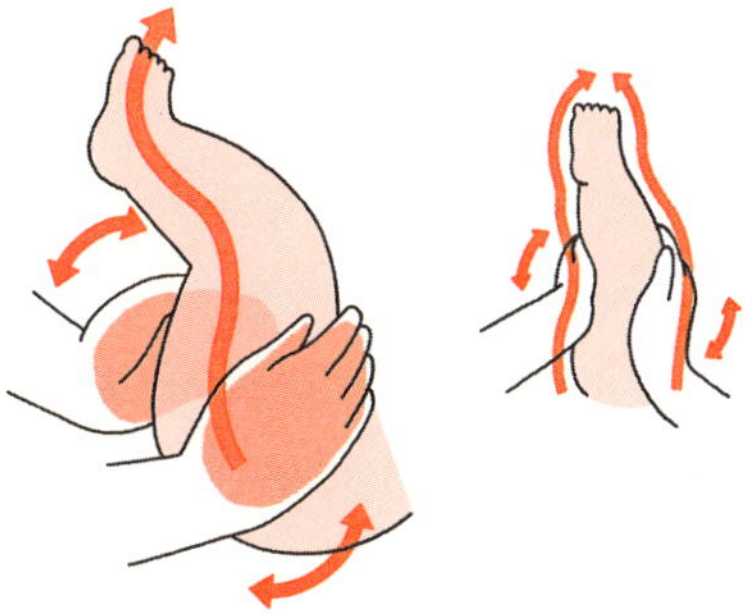

⑤ お腹のゆらゆらマッサージ（94ページ）

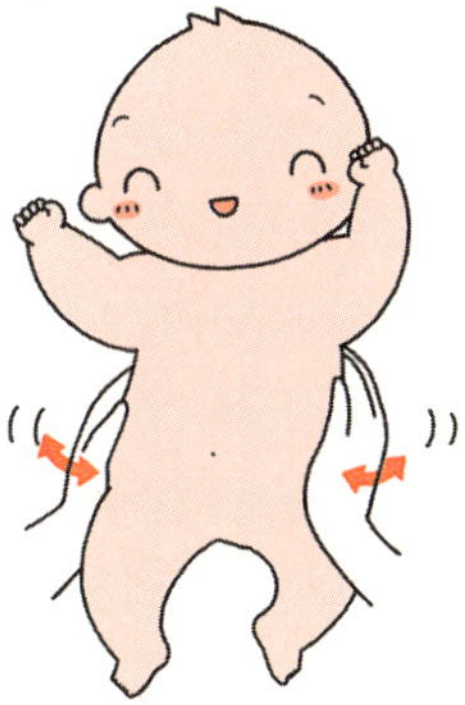

下半身の血行がよくなるように、
ゆったりとしたストロークで行います

4. 食欲がないとき（5分程度）

① 脚のマッサージ（外側）
（86ページ）

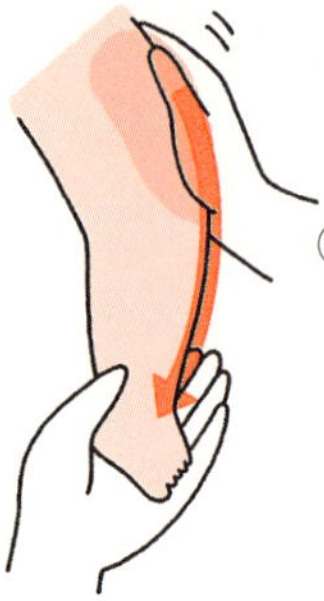

② 脚のマッサージ
（内側）
（86ページ）

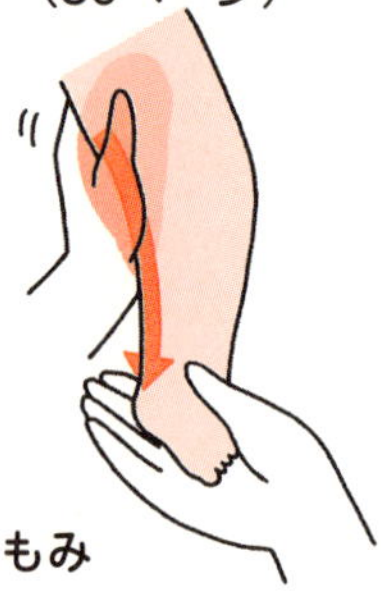

③ 足の裏のマッサージ（87ページ）

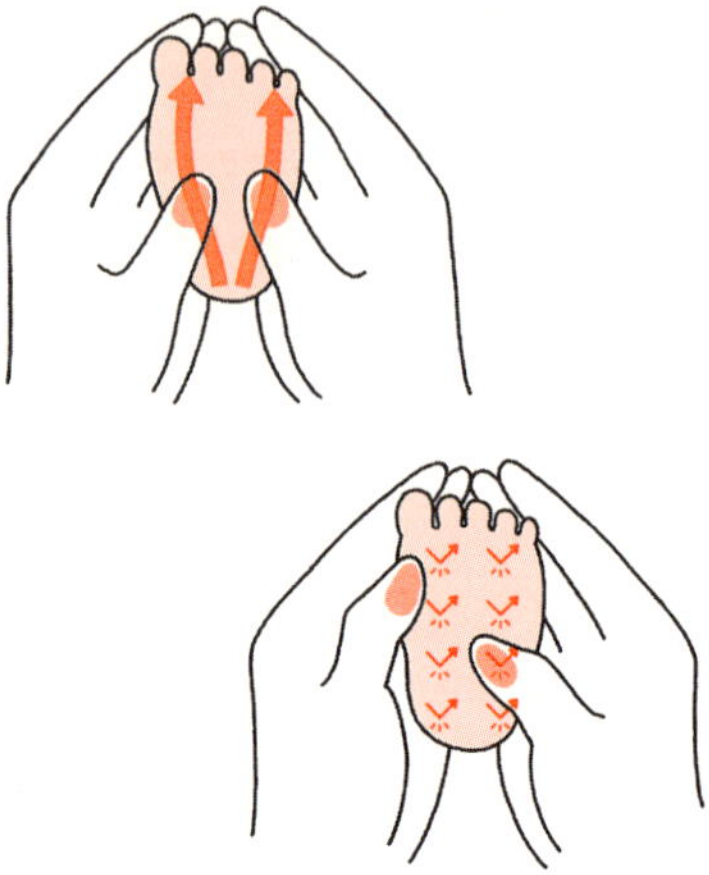

④ お腹のはさみもみ
（93ページ）

⑤ お腹のゆらゆらマッサージ
（94ページ）

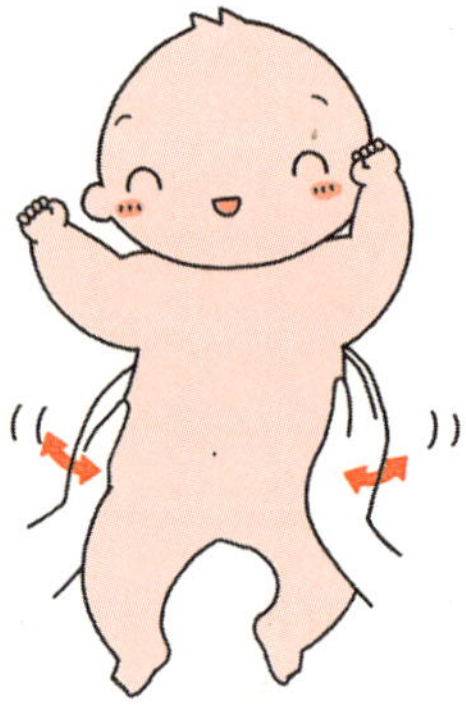

胃腸の感覚を高めるために。
足からお腹にかけてマッサージします

5. 落ち着きがないとき

① 背中のストローク（112ページ）

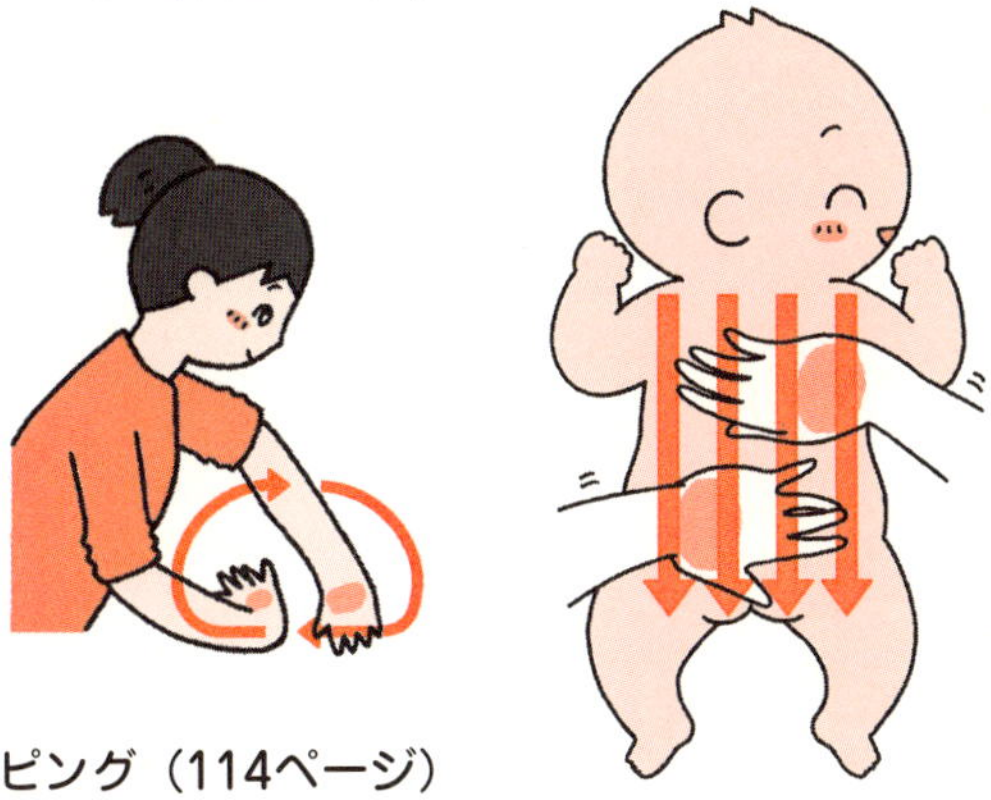

② 背中のタッピング（114ページ）

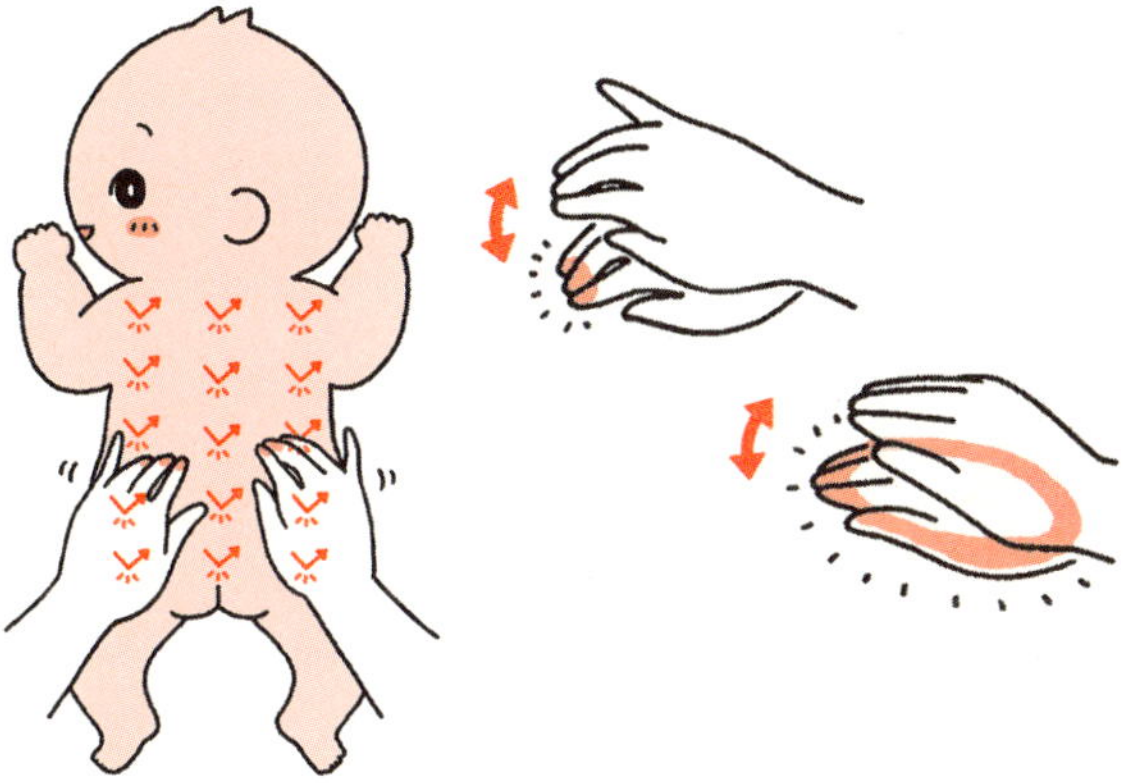

不快感があるときや、興奮しすぎのときは、ひざの上にだっこして、お母さんと赤ちゃんのお腹を密着させます。両手でやさしく背中をなでたり、軽くたたいてあげると落ち着きます

6. 便秘のとき

① お腹のはさみもみ（93ページ）

② お腹のゆらゆらマッサージ（94ページ）

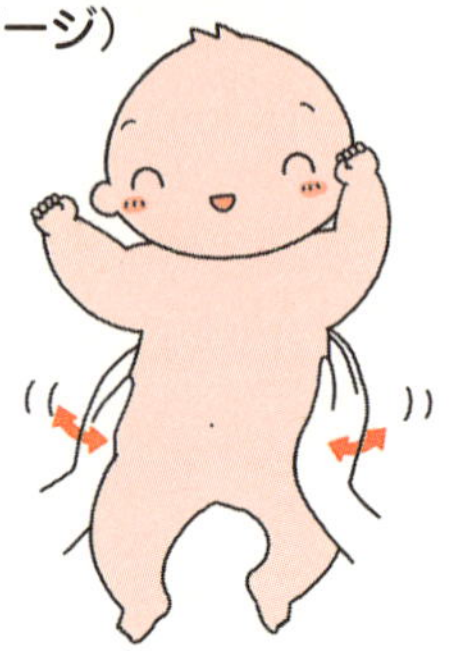

③ お腹のストローク①（95ページ）

④ お腹のストローク②（96ページ）

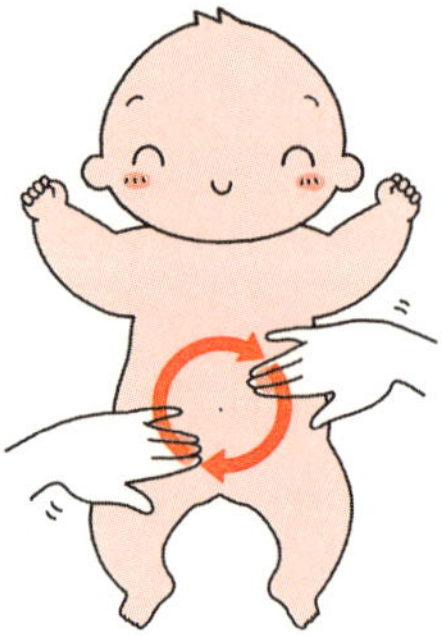

⑤ 両脚キック（125ページ）

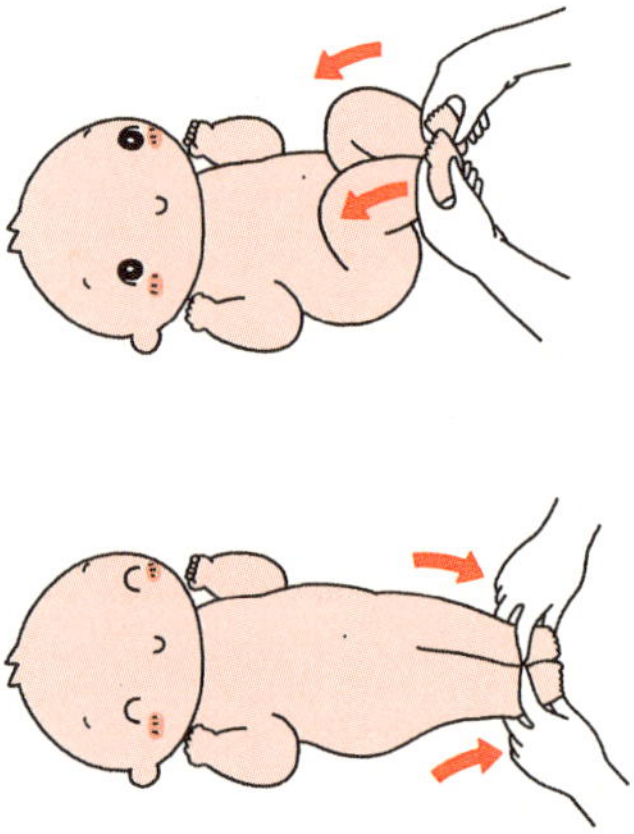

やさしく刺激して、腸の動きを促します。3〜5分程度行って10分ほど休み、しばらく様子を見て、また行います。番茶や麦茶で水分補給してから行うと、より効果的です

主要参考文献

ダイヤグラムグループ編集『チャイルズ・ボディー』鎌倉書房

伊東昭義『からだとこころを創る幼児体育』ＮＨＫ出版

高田明和『子どもの健全な脳と心は、親の愛情が育てる』ＰＨＰ研究所

石田勝正『抱かれる子どもはよい子に育つ』ＰＨＰ研究所

小林登『育つ育てるふれあいの育児』ＴＢＳブリタニカ

西澤哲『子どものトラウマ』講談社

時実利彦『脳と保育』雷鳥社

F・ルボワイエ『暴力なき出産』アニマ２００１

恒吉僚子、S・ブーコック『育児の国際比較』日本放送協会

Joseph Chilton Pearce,The Magical Child,Paladin

Colleen K.Dodt, Natural Baby Care, Storey Publishing

A.Montagu, Touching, Harper&Row Publishers

Mercelle Gerber, "The State of Development of Newborn African Children," The Lancet, 272（1957）, pp. 1216-1219

チャイルドボディワーク・セラピスト 養成講座のお知らせ

チャイルドボディワーク・セラピストとは、親子のコミュニケーションを援助し、ベビーマッサージを始めとする子ども対象のボディワークを行い、その人間性を大切に育てていくためのセラピストです。養成講座では、スキンシップやふれあいの重要性、出生期心理学および人間性心理学を学び、チャイルドボディワークの理論と実践を両面から身につけます。チャイルドボディワーク・セラピストは、未来に種をまく、やりがいのある仕事です。本講座に興味のある方は、下記までお問い合わせください。

〈著者紹介〉
能登春男（のと　はるお）
ユーサイキア研究所　代表
チャイルドボディワーク普及協会会長
人間性心理学、出生期心理学、トランスパーソナル心理学、環境医学をベースとしたセラピー、自己成長、環境と健康問題について、日米で研究発表・研修・講演・執筆活動を行う。
長年のセラピー経験から、問題の早期解決には生まれたときからのケアが必要と痛感し、ベビーマッサージを始めとするチャイルドボディワークの必要性を提唱する。現在、チャイルドボディワーク普及をめざし、セラピストの養成講座を開いている。

能登あきこ（のと　あきこ）
ユーサイキア研究所所属。人間性心理学、出生期心理学、トランスパーソナル心理学、環境医学をベースとしたセラピー、自己成長、環境と健康問題についての研究発表・研修・講演・執筆活動を行う。

主な著書（共著）
『住まいの複合汚染』三一書房
『住まいの汚染度完全チェック』情報センター出版局
『明日なき汚染環境ホルモンとダイオキシンの家』集英社
『赤ちゃんの心を育むベビーマッサージ』ノバプラン
『子どもの生きる力をはぐくむ第16巻 環境③』食べもの通信社（共同執筆）

心と体を育てる
ベビーマッサージ

2001年6月6日　第1版第1刷発行
2004年11月4日　第1版第16刷発行

著　者　能登春男　能登あきこ
発行者　江口克彦
発行所　PHP研究所
東京本部　〒102-8331　東京都千代田区三番町3-10
家庭・教育・医療出版部　☎03-3239-6227
普及一部　☎03-3239-6233
京都本部　〒601-8411　京都市南区西九条北ノ内町11
普及二部　☎075-681-1295
PHP INTERFACE　http://www.php.co.jp/
組　版　株式会社エム・エー・ディー
印刷所
製本所　凸版印刷株式会社

ISBN4-569-61636-4

PHPの本

症状別チャートですぐわかる
赤ちゃん・子どもの健康医学事典
聖路加国際病院 小児科部長 細谷亮太［監修］

赤ちゃんや子どものよくかかる代表的な病気を示し、その予防法・治療法をQ＆Aでわかりやすく解説する。子どもを持つ家庭に必備の一冊。

子どもの成長は、6歳までの食事で決まる
スーザン・ロバーツ、メルヴィン・ハイマン［著］
村山寿美子［訳］

「食」が、その子の一生を左右する！ 賢い子・健康な子に育てる、アメリカで注目の「メタボリック・プログラミング」のしくみを紹介する。